Frische Frühlingsküche

FRISCHE

Frühlingsküche

CLAUDIA SEIFERT | SABINE HANS

AT VERLAG

© 2012

AT Verlag, Aarau und München

Rezepte und Foodstyling: Claudia Seifert | www.claudiaseifert.de

Fotos: Sabine Hans | www.sabinehans.de

Gestaltung und Satz: Sibyll Amthor | www.einfachschoen-design.de

Lithos: Vogt-Schild Druck, Derendingen

Druck und Bindearbeiten: Offizin Andersen Nexö, Leipzig

Printed in Germany

ISBN 978-3-03800-591-9

www.at-verlag.ch

INHALTSVERZEICHNIS

Frühling

EIN WORT VORWEG

Der Frühling wird auch heute noch – trotz aller modernen Errungenschaften – als eine Zeit des Erwachens, des Neuanfangs nach langen, dunklen Wintermonaten empfunden. Natur und Mensch recken und strecken sich, sehnen sich nach neuer Lebensenergie, Bewegung und Veränderung. Augen und Magen sind hungrig auf das frische, saftige Grün. Die zarten Farben der Frühlingsblumen und -knospen, von Weiß über Rosa bis zum hellen Lila, und die ersten wärmenden Sonnenstrahlen locken uns ins Freie.

In diesem Buch haben wir für Sie Rezepte kreiert, die Sie den Frühling förmlich schmecken lassen, so etwa Spargel-Bruschetta, Holunder-Crêpes mit wildem Spargel oder Erdbeer-Sauerampfer-Trifle. Und weil das Auge mitisst, haben wir den Frühling auch in besonders stimmungsvollen Bildern eingefangen.

Ein Schwerpunkt des Buches liegt auf dem Spargel, der von Mai bis Ende Juni die Küche bereichert und auch zu gewagteren Kreationen wie einem grünen Spargeleis mit Mangosauce einlädt.

Viele der Zutaten können Sie auf einem Frühlingsspaziergang entdecken und selbst sammeln: von den Kräutern zuerst das Scharbockskraut, dann die jungen Löwenzahnblätter und viele verschiedene Wildkräuter, die für wahre Geschmacksexplosionen auf dem Teller sorgen können.

Auf dem Wochenmarkt finden Sie all die jungen Gemüse und Früchte der Saison wie Spargel, Rübchen, Rhabarber und später dann Erdbeeren, die alle nicht nur hinreißend schmecken, sondern entsprechend kombiniert und zubereitet auch satt und glücklich machen.

Regionale und saisonale Lebensmittel in Bio-Qualität zu verwenden, ist uns eine Herzensangelegenheit, die einer nachhaltigen Lebensweise entspricht und unsere Umwelt schützen hilft. Der Saisonkalender auf Seite 154 ff. zeigt Ihnen deshalb auf einen Blick die ganze Vielfalt, die die Frühjahrsmonate zu bieten haben.

Wir wünschen Ihnen viel Freude beim Durchblättern des Buches und bei der Zubereitung der Gerichte; lassen Sie sich den Frühling auf der Zunge zergehen!

Claudia Seifert und Sabine Hans

Alle Rezepte sind, sofern nicht anders vermerkt, für 4 Personen berechnet.

Blütenzart

Spargel-Bruschetta mit Radieschen und Kräuterbutter

Panierter Spargel in Würzkruste mit Mango-Salsa

<< Spargel-Bruschetta mit Radieschen und Kräuterbutter

500 g weißer Spargel, geschält
12–14 Radieschen, fein gewürfelt
2 Knoblauchzehen, fein gehackt
3 EL Olivenöl
1 Zitrone, fein abgeriebene Schale und Saft
½ Bund Kerbel, fein gehackt
Salz | Pfeffer aus der Mühle

Kräuterbutter
75 g Butter
1 Handvoll gemischte Kräuter (Petersilie, Kresse, Schnittlauch), fein gehackt
frisch geriebene Muskatnuss

1 Baguette

Zubereitungszeit: 30 Minuten

1. Den Spargel mit einem Sparschäler in feine lange Streifen schneiden. Diese 2 Minuten in kochendem Wasser garen, dann kalt abschrecken. Den Spargel mit Radieschen, Knoblauch, Olivenöl, der Hälfte der abgeriebenen Zitronenschale, 2–3 EL Zitronensaft, dem Kerbel, Salz und Pfeffer 15 Minuten marinieren.

2. Die Butter mit den Schneebesen des Handrührgeräts schaumig schlagen. Die restliche Zitronenschale, die Kräuter, Muskatnuss, Salz und Pfeffer daruntermischen.

3. Das Baguette in 8 Stücke teilen und mit der Butter bestreichen. Im vorgeheizten Ofen unter dem Backofengrill 5 Minuten rösten. Mit dem Spargelgemüse belegen.

< Panierter Spargel in Würzkruste mit Mango-Salsa

Mango-Salsa
1 EL Olivenöl
2 Zwiebeln, fein gewürfelt
10 g frischer Ingwer, geschält, fein gewürfelt
1 Knoblauchzehe, fein gehackt
1 Mango, geschält, fein gewürfelt
1 Zitrone, fein abgeriebene Schale und Saft
100 ml Apfel-Mango-Saft
1 kleine Chilischote, halbiert, entkernt, fein gewürfelt
Salz | Pfeffer aus der Mühle

500 g Spargel, geschält, halbiert
2 Brötchen vom Vortag
20 g Ingwer
½ TL gemahlener Kreuzkümmel
¼ TL gemahlener Piment
2 Eier
4 EL Olivenöl

Zubereitungszeit: 50 Minuten

1. Für die Mangosauce das Öl erhitzen, Zwiebeln, Ingwer und Knoblauch andünsten. Die Mangowürfel hinzufügen. Zitronensaft, Zitronenschale, Apfel-Mango-Saft, Chili, Salz und Pfeffer hinzufügen. 5 Minuten offen köcheln lassen.

2. Den Spargel in kochendem Salzwasser 5 Minuten kochen, dann kalt abschrecken und auf Küchenpapier abtropfen lassen.

3. Für die Panade die Brötchen und den Ingwer fein reiben. Kreuzkümmel, Salz, Pfeffer und Piment hinzufügen und gut vermischen. Die Eier mit einem Schneebesen verklopfen. Den Spargel zuerst durch das Ei ziehen, dann in der Panade wenden und diese gut andrücken.

4. Das Öl in einer großen beschichteten Pfanne erhitzen und den panierten Spargel rundherum goldbraun braten. Auf Küchenpapier abtropfen lassen und mit der Mango-Salsa servieren.

Kartoffel-Morchel-Pizza mit Vogelmiere und Vogelmierenpesto ›

10 g getrocknete Morcheln
4 Blätterteigplatten, tiefgekühlt (je 80 g)
200 g Kartoffeln, geschält, in hauchdünne
Scheiben geschnitten
60 g Crème fraîche
1 Ei
Salz | Pfeffer aus der Mühle

50 g Vogelmiere oder ersatzweise Rucola,
die Hälfte grob gehackt
3 EL Olivenöl
20 g Parmesan, frisch gerieben
10 g Pistazien, gehackt

Zubereitungszeit: 45 Minuten

1. Die getrockneten Morcheln in warmem Wasser
über Nacht einweichen.

2. Die Blätterteigplatten auf einer bemehlten
Arbeitsfläche auftauen lassen. Mit dem Teig-
roller etwas dünner auswallen, dann 4 Kreise
von je 14 cm Durchmesser ausstechen und
auf ein mit Backpapier belegtes Blech legen.
Den Boden mit einer Gabel einstechen.
Den Rand nach oben umschlagen.

3. Die Morcheln aus dem Einweichwasser nehmen
und in Scheiben schneiden (das Einweichwasser
durch ein Sieb gießen und nach Belieben
anderweitig verwenden, z. B. für eine Pilzbrühe).

4. Die Kartoffelscheiben und die Morcheln auf den
Teigplatten verteilen. Crème fraîche, Ei, Salz und
Pfeffer verrühren und auf den Kartoffelpizzen verteilen. Im 190 Grad heißen Ofen (Umluft 170 Grad)
15 Minuten backen.

5. Inzwischen die Hälfte der Vogelmiere mit
Olivenöl, Parmesan und Pistazien fein pürieren.
Mit Salz und Pfeffer würzen. Die Kartoffelpizzen
mit dem Pesto und der restlichen Vogelmiere
servieren.

Artischocken-Carpaccio mit Vogelmierenpesto und Croûtons

< Artischocken-Carpaccio mit Vogelmierenpesto und Croûtons

40 g Vogelmiere oder ersatzweise Basilikum,
grob gehackt
8 EL Olivenöl
3 Knoblauchzehen
Salz | Pfeffer aus der Mühle
20 g Parmesan, fein gerieben
100 g Weißbrot, fein gewürfelt
8 kleine Artischocken
50 ml Zitronensaft

Zubereitungszeit: 35 Minuten

1. Für das Pesto 20 g Vogelmiere mit 3 EL Olivenöl, der Hälfte des Knoblauchs, Salz und Pfeffer fein pürieren. Den Parmesan daruntermischen.

2. Für die Croûtons 2 EL Olivenöl und den restlichen Knoblauch erhitzen, die Brotwürfel darin rösten und leicht salzen.

3. Von den Artischocken den Strunk und die äußeren Blätter abbrechen. Von der Spitze zwei Drittel mit einem scharfen Messer wegschneiden. Die Artischockenblätter rundum bis zum Boden abschneiden. Das Heu im Innern mit einem Löffel bis zum Boden abkratzen. Die Artischockenböden in hauchdünne Scheiben schneiden und, damit sie sich nicht verfärben, sofort in Zitronenwasser (300 ml Wasser und 50 ml Zitronensaft) legen.

4. Die Artischockenscheiben gut abtropfen lassen. 3 EL Öl erhitzen und die Artischockenscheiben 5 Minuten darin braten. Mit Salz und Pfeffer würzen. Mit dem Pesto, der restlichen Vogelmiere und den Croûtons servieren.

Ceviche mit Wildkräutern, Avocado, Ananas und Chili

400 g sehr frisches Zander- oder Dorschfilet,
fein gewürfelt
2 Handvoll gemischte Wildkräuter
(z. B. Sauerklee, Pimpinelle, Giersch, Kerbel)
oder ersatzweise ½ Bund Petersilie,
fein gehackt
4 Limetten, abgeriebene Schale von ½ Limette
sowie Saft von allen Limetten
1 feste Avocado, geschält, entsteint,
Fruchtfleisch fein gewürfelt
2 EL Olivenöl
2 TL flüssiger Honig
150 g Ananas, geschält, Strunk entfernt,
fein gewürfelt
1 kleine, rote Chilischote, halbiert, entkernt,
in feine Ringe geschnitten
grobes Meersalz (Fleur de Sel)
Pfeffer aus der Mühle
½ Fladenbrot, in mundgerechte Stücke
geschnitten

Zubereitungszeit: 25 Minuten
(ohne Marinierzeit)

1. Den Fisch mit Wildkräutern, Limettenschale und -saft, Avocado, Olivenöl, Honig, Ananas und Chili gut vermischen. Mit Salz und Pfeffer würzen. Abgedeckt im Kühlschrank mindestens 1 Stunde ziehen lassen.

2. Das Fladenbrot im heißen Ofen bei 200 Grad (Umluft 180 Grad) 10 Minuten rösten. Mit der gekühlten Ceviche servieren.

Gebeizte Lachsforelle
mit Wildkräuter-Granité

6 Holunderblütendolden, fein gehackt
100 g gemischte Wildkräuter
(z. B. Schafgarbe, Oregano, Giersch, Löwenzahn),
abgezupft und fein gehackt
100 g grobes Meersalz
600 g Lachsforellenfilet mit Haut

Granité
100 g Zucker
300 ml Apfelsaft

1 Ciabatta, in dünne Scheiben geschnitten

**Zubereitungszeit: 1 Stunde
(ohne Gefrier- und Beizzeit)**

1. Die Holunderblüten mit der Hälfte der Wildkräuter und dem Salz gut vermischen. Die Lachsforellenfilets mit dem Kräutersalz bestreuen und
mit Folie abgedeckt 24 Stunden kalt stellen.

2. Für das Granité Zucker und Apfelsaft aufkochen.
Dann abkühlen lassen. Die restlichen Wildkräuter
mit dem Apfel-Zucker-Saft mit dem Stabmixer
fein pürieren. Im Gefrierfach mindestens 3 Stunden
gefrieren. Dann mit einem Löffel Eiskristalle davon
abschaben.

3. Das Salz von den Lachsforellenfilets entfernen
und die gebeizten Forellenfilets in hauchdünne
Scheiben schneiden.

4. Die Brotscheiben im 200 Grad heißen Ofen
3 – 5 Minuten rösten. Mit der Lachsforelle und dem
Granité servieren.

Karottenflan mit Sauerampfer und Pinienkernen

Karottenflan

10 g Butter

500 g Karotten, geschält, die Hälfte davon in Scheiben geschnitten

1 Knoblauchzehe, fein gehackt

2 Schalotten, fein gewürfelt

100 ml Gemüsebrühe

100 ml Schlagsahne

4 EL Zitronensaft

20 g Pinienkerne, geröstet

2 Eier

Salz | Pfeffer aus der Mühle

frisch geriebene Muskatnuss

2 EL Olivenöl

1 – 2 TL milder Senf

1 EL Weißweinessig

1 EL Honig

150 g Sauerrahm

10 g Sauerampfer oder ersatzweise Basilikum, fein gehackt

Zubereitungszeit: 35 Minuten (ohne Garzeit)

1. Die Butter erhitzen. Karottenscheiben, Knoblauch und Schalotten darin andünsten. Mit der Gemüsebrühe ablöschen und 10 Minuten zugedeckt kochen. Etwas abkühlen lassen. Die Sahne, 2 EL Zitronensaft, die Hälfte der Pinienkerne und die Eier daruntermischen und alles fein pürieren. Mit Salz, Pfeffer und Muskatnuss abschmecken.

2. In 8 Muffinförmchen Papierkapseln geben und die Masse einfüllen. Im 200 Grad heißen Ofen (Umluft 180 Grad) 25 – 30 Minuten garen.

3. Die restlichen ganzen Karotten 10 Minuten kochen und kalt abschrecken. Dann mit einem Sparschäler in lange, feine Streifen schneiden. Olivenöl, Senf, Essig, Honig, Salz und Pfeffer gut verrühren und mit den Karotten marinieren.

4. Inzwischen den Sauerrahm mit 2 EL Zitronensaft und dem Sauerampfer fein pürieren.

5. Die Karottenflans vorsichtig aus den Förmchen lösen. Mit der Sauce und mit den restlichen Pinienkernen bestreut servieren.

Lindenblätter gefüllt mit Schafskäse-Couscous

<< Erbsen-Guacamole mit Röstbrot

250 g tiefgekühlte Erbsen
Salz
3 Knoblauchzehen, grob gehackt
8 EL Olivenöl
4 EL Zitronensaft
1 Bund Petersilie, fein gehackt
Pfeffer aus der Mühle
1 Ciabatta oder Baguette, in hauchdünne
Scheiben geschnitten

Zubereitungszeit: 25 Minuten

1. Die Erbsen in kochendem Salzwasser 5 Minuten
kochen, dann kalt abschrecken und gut abtropfen
lassen. Erbsen, Knoblauch, 6 Esslöffel Olivenöl,
Zitronensaft, Petersilie, Salz und Pfeffer mit dem
Stabmixer fein pürieren.

2. Die Brotscheiben mit 2 EL Olivenöl beträufeln
und leicht salzen. Im vorgeheizten Ofen unter
dem Backofengrill 5 Minuten rösten.

3. Mit der Erbsen-Guacamole servieren.
Nach Belieben mit Vergissmeinnicht bestreuen
(die Blüten sind essbar).

< Lindenblätter gefüllt mit Schafskäse-Couscous

3 EL Olivenöl
1 kleine Zwiebel, fein gewürfelt
2 Knoblauchzehen, fein gehackt
1 Handvoll Schafgarbe oder
ersatzweise 2 Zweige Rosmarin, fein gehackt
250 ml Gemüsebrühe
100 g Couscous
Salz | Pfeffer aus der Mühle
3 EL Zitronensaft
60 g Schafskäse, fein gehackt
30 g Pinienkerne, geröstet und gehackt
30 g junge Lindenblätter oder
ersatzweise Rucola
16 große Lindenblätter

150 g Joghurt
2 – 3 EL Zitronensaft

Zubereitungszeit: 25 Minuten

1. 2 EL Olivenöl erhitzen. Die Zwiebel, die Hälfte
des Knoblauchs und die Schafgarbe andünsten,
mit der Gemüsebrühe ablöschen, den Couscous
hinzufügen und 10 Minuten quellen lassen.
Mit Salz, Pfeffer und Zitronensaft würzen und
abkühlen lassen. Dann den Schafskäse und
die Pinienkerne daruntermischen. Die jungen
Lindenblätter fein hacken und ebenfalls
daruntermischen. Die Füllung auf die großen
Lindenblätter verteilen und gut einrollen.

2. Den Joghurt mit dem restlichen Knoblauch,
dem Zitronensaft, Salz und Pfeffer verrühren.

3. Die Röllchen anrichten, mit etwas Olivenöl
(insgesamt 1 EL) beträufeln und mit dem Joghurt
servieren.

Wildkräuterbrot
mit Gänseblümchenbutter >

1 Würfel (42 g) frische Hefe, zerbröckelt
400 g Dinkelmehl (Type 550)
350 g Weizenmehl (Type 550)
60 g gemischte Wildkräuter
(Vogelmiere, Brennnessel, Taubnessel, Schafgarbe,
Giersch, Sauerampfer), fein gehackt
oder ersatzweise 60 g gemischte Kräuter
(wie Petersilie, Schnittlauch, Dill), fein gehackt
grobes Meersalz
6 EL Olivenöl

Gänseblümchenbutter
75 g weiche Butter
15 Gänseblümchen, fein gehackt
20 g Kapern, abgetropft, fein gehackt

Zubereitungszeit: 1 Stunde
(ohne Geh- und Backzeit)

1. Für das Brot Hefe, Dinkelmehl, Weizenmehl, Kräuter, 350 ml Wasser, 2 TL Salz und 5 EL Olivenöl gut zu einem Teig kneten. Den Teig mit einem Tuch abdecken und an einem warmen Ort 45 Minuten gehen lassen, dann nochmals durchkneten und zu einem länglichen Brotlaib formen. Auf ein gefettetes Backblech legen und nochmals zugedeckt 35 Minuten gehen lassen.

2. Das Brot in den 220 Grad (Umluft 200 Grad) heißen Ofen schieben. Eine feuerfeste Form mit 200 ml Wasser auf den Backofenboden stellen. Das Brot zuerst 15 Minuten bei 220 Grad backen, dann die Temperatur auf 180 Grad (Umluft 160 Grad) reduzieren und weitere 45 Minuten backen.

3. 1 TL Salz, 1 EL Olivenöl und 80 ml Wasser verrühren und das Brot mehrmals damit bestreichen. Das Brot aus dem Ofen nehmen und abkühlen lassen.

4. Die Butter mit den Schneebesen des Handrührgeräts weiß und schaumig schlagen, etwas Salz, die gehackten Gänseblümchen und Kapern hinzufügen.

5. Das Brot aufschneiden, mit der Butter bestreichen und nach Belieben mit einigen Blüten dekorieren.

Wildkräuterbrot mit Gänseblümchenbutter

Spargelsalat mit Ziegenkäse-Zigarren, Wildkräutern und Akazienhonig

Spargelsalat

500 g grüner Spargel, am unteren Ende geschält,
in Stücke geschnitten
500 g weißer Spargel, geschält,
in Stücke geschnitten
Salz
3 EL Olivenöl
2 – 3 EL Holunderblütensirup
3 Knoblauchzehen, fein gehackt
1 TL Orangensenf oder anderer milder Senf
Pfeffer aus der Mühle
2 Limetten, fein abgeriebene Schale von 1 Limette,
Saft von 2 Limetten

Ziegenkäse-Zigarren

150 g Schafskäse, grob gehackt
50 g gemischte Wildkräuter
(Sauerampfer, Giersch, Taubnesseln, Löwenzahn,
Vogelmiere), fein gehackt
oder ersatzweise Rucola und Petersilie
50 g gemahlene Mandeln
1 Paket Strudelteig (aus dem Kühlregal)
1 Eiweiß
4 TL Akazienhonig
1 TL Gomasio oder Sesam

Zubereitungszeit: 45 Minuten

1. Den Spargel in kochendem Salzwasser 6 Minuten garen, dann kalt abschrecken. Olivenöl, Holunderblütensirup, die Hälfte des Knoblauchs, Senf, Salz, Pfeffer, Limettenschale und Limettensaft gut verrühren. Den Spargel mit dem Dressing mischen und 30 Minuten marinieren.

2. Inzwischen den Schafskäse, die Wildkräuter, den restlichen Knoblauch und die Mandeln gut vermischen.

3. Den Strudelteig in 8 Rechtecke (je 8 x 8 cm) schneiden, mit Eiweiß bestreichen. Die eine Hälfte mit der Schafskäsemasse belegen, je 1/2 TL Honig daraufträufeln und satt einrollen. Die Oberfläche ebenfalls mit Eiweiß bestreichen und mit etwas Gomasio oder Sesam bestreuen.

4. Im 180 Grad heißen Ofen (Umluft 160 Grad) 15 Minuten backen. Mit dem Spargelsalat servieren. Nach Belieben den Spargelsalat mit einigen essbaren Blüten bestreuen.

Löwenzahnsalat mit pochiertem Ei und Kichererbsenfladen

Kichererbsenfladen
200 g Kichererbsenmehl (Bioladen
oder italienisches Feinkostgeschäft)
200 ml kaltes Wasser
3 EL Olivenöl,
zusätzlich Olivenöl zum Bestreichen
¼ TL Fleur de Sel

Salat
3 EL Olivenöl
1 EL flüssiger Honig
2 TL milder Senf
2 EL Weißweinessig
Salz | Pfeffer aus der Mühle
150 g Löwenzahnblätter

Pochierte Eier
4 l Wasser
5 EL Weißweinessig
4 Eier

Zubereitungszeit: 50 Minuten

1. Das Kichererbsenmehl mit Wasser, Öl und Salz mischen und zugedeckt 3 Stunden ruhen lassen. Ein Backblech mit Backpapier auslegen, den Teig darauf ausstreichen. Mit Öl bepinseln und mit Meersalz bestreuen. Im heißen Ofen bei 200 Grad (Umluft 180 Grad) 15 Minuten backen.

2. Für den Salat Öl, Honig, Senf, Essig, Salz und Pfeffer zu einem Dressing verrühren. Die Löwenzahnblätter 15 Minuten in lauwarmem Wasser einweichen, um ihnen die Bitterstoffe zu entziehen. Waschen und trocken schleudern.

3. In einem großen Topf das Wasser mit dem Essig zum Kochen bringen. Die Eier nacheinander jeweils in eine Tasse schlagen, vorsichtig ins Wasser gleiten lassen, mit 2 Esslöffeln in Form bringen und 4 Minuten sanft unter dem Siedepunkt ziehen lassen. (Achtung: Das Wasser darf nicht mehr kochen!) Herausnehmen und auf Küchenpapier abtropfen lassen.

4. Den Kichererbsenfladen aus dem Ofen nehmen, etwas abkühlen lassen, dann in Stücke schneiden. Mit dem Salat und dem pochierten Ei anrichten.

Mairübchensalat mit Fliederdressing, Pinienkernen und Parmesan

< Mairübchensalat mit Fliederdressing, Pinienkernen und Parmesan

2 Bund Mairübchen mit Grün
200 g Zuckerschoten (Kefen), längs halbiert
Salz

Dressing
5 Fliederblüten
300 ml Weißweinessig
4 EL Rapsöl
2 – 3 TL milder Senf
3 EL Limettensaft
1 – 2 EL Holunderblütensirup
oder ersatzweise Honig

5 Radieschen, in feine Spalten geschnitten
20 g Parmesan, gehobelt
30 g Pinienkerne, geröstet

Zubereitungszeit: 35 Minuten
Achtung: Der Essig muss 3 Tage vorher angesetzt werden.

1. Für das Dressing 4 Fliederblüten mit dem Weißweinessig aufgießen und mindestens 3 Tage stehen lassen.

2. Von den Mairübchen das Grün abzupfen und fein hacken, die Rübchen schälen, in Scheiben schneiden und in kochendem Salzwasser 5 Minuten garen, nach 3 Minuten die Zuckerschoten hinzufügen und mitgaren.
Kalt abschrecken und gut abtropfen lassen.

3. Für das Dressing Rapsöl, Senf, Limettensaft, 3 EL Fliederessig, Holunderblütensirup, einige Fliederblüten, Salz und Pfeffer gut verrühren. Mit den Mairübchen und den Zuckerschoten vermischen und mindestens 1 Stunde marinieren.

4. Das Mairübchengrün und die Radieschen daruntermischen. Den Parmesan und die Pinienkerne darauf verteilen.

Büffelmozzarella mit Lindenblättern und Radieschen

3 EL Olivenöl
1 Zitrone, die Hälfte der Schale fein abgerieben, Saft ausgepresst
1 Knoblauchzehe, fein gehackt
10 Radieschen, fein gewürfelt
20 g Kapern, fein gehackt
1 EL Honig
Salz | Pfeffer aus der Mühle
150 g junge Lindenblätter oder ersatzweise Rucola, fein gehackt
200 g kleine Büffelmozzarella-Kugeln, abgetropft, halbiert,
oder 1 großer Büffel- oder Kuhmilch-Mozzarella, in mundgerechte Stücke geschnitten
1 Baguette, in Scheiben geschnitten

Zubereitungszeit: 15 Minuten

1. Öl, Zitronenschale, 3 EL Zitronensaft, Knoblauch, Radieschen, Kapern und Honig gut verrühren. Mit Salz und Pfeffer würzen. Die Lindenblätter und den Mozzarella hinzufügen.

Mit dem Baguette servieren.

Büffelmozzarella mit Lindenblättern und Radieschen

Wildsalat mit Spargel, Kirschtomaten und Mozzarella

Wildsalat mit Spargel, Kirschtomaten und Mozzarella

4 EL Olivenöl
100 g Kartoffeln, geschält, fein gewürfelt
½ TL Senfkörner (im Bioladen oder Reformhaus erhältlich)
3 Schalotten, fein gewürfelt
3 EL Himbeeressig
2 EL Holunderblütensirup
1 Bund Schnittlauch, in feine Röllchen geschnitten
1 TL milder Senf
Salz | Pfeffer aus der Mühle
750 g grüner Spargel, am unteren Ende geschält, in Stücke geschnitten
400 g gemischter Wildsalat, geputzt
2 Mozzarellakugeln (je 125 g), in Stücke geschnitten
300 g Kirschtomaten, halbiert
1 Baguette, in Scheiben geschnitten

Zubereitungszeit: 25 Minuten

1. 1 EL Olivenöl erhitzen, Kartoffeln, Senfkörner und Schalotten 5−8 Minuten andünsten. Dann abkühlen lassen.

2. Für das Dressing die restlichen 3 EL Olivenöl, Essig, Holunderblütensirup, Schnittlauch, Senf, Salz und Pfeffer gut verrühren. Die Kartoffelwürfel beigeben.

3. Den Spargel in kochendem Salzwasser 6 Minuten kochen, dann kalt abschrecken.

4. Spargel, Wildsalat, Dressing, Mozzarella und Kirschtomaten gut vermischen. Mit dem Baguette servieren.

Delikat grün

WARME UND KALTE SUPPEN

Radieschen-Schaumsuppe mit Radieschenblätterpesto und Gänseblümchen

<< Gurken-Bärlauch-Gazpacho mit Räucherlachs

1 Gurke, geschält, grob gewürfelt
20 g Bärlauch, fein geschnitten
1 Zitrone, Schale von ½ Zitrone fein abgerieben,
Saft ausgepresst
200 g Joghurt
4 EL Olivenöl
5 Zweige Dill, grob gehackt
150 g Räucherlachs, mundgerecht geschnitten

Zubereitungszeit: 15 Minuten

1. Gurke, Bärlauch Zitronenschale, Zitronensaft,
Joghurt, Olivenöl und Dill mit dem Mixer fein
pürieren.

2. In Suppentassen füllen und den Räucherlachs
darauf verteilen.

< Radieschen-Schaumsuppe mit Radieschenblätterpesto und Gänseblümchen

2 Bund Radieschen mit Grün (75 g)
100 ml Olivenöl
20 g Parmesan, fein gerieben
30 g Pistazien, gehackt
2 EL Holunderblütensirup
Salz | Pfeffer aus der Mühle

30 g Butter
500 g Kartoffeln, geschält, grob gewürfelt
2 Zwiebeln, fein gewürfelt
1 Knoblauchzehe, fein gehackt
750 ml Gemüsebrühe
200 ml Schlagsahne
2 TL Zitronensaft
frisch geriebene Muskatnuss
12 Gänseblümchen

Zubereitungszeit: 40 Minuten

1. Die Blätter der Radieschen waschen und grob
hacken, die Radieschen in Scheiben schneiden.
Die Radieschenblätter mit Olivenöl, Parmesan,
Pistazien und Holunderblütensirup in ein hohes
Gefäß geben und mit dem Mixer fein pürieren.
Mit Salz und Pfeffer würzen.

2. Die Butter erhitzen. Kartoffeln, Zwiebeln und
Knoblauch andünsten. Mit Brühe und Sahne
auffüllen und 15 Minuten zugedeckt köcheln
lassen. Nach 10 Minuten zwei Drittel der Radies-
chenscheiben in die Suppe geben und mitköcheln
lassen. Die Suppe fein pürieren, mit Zitronensaft,
Salz, Pfeffer und Muskatnuss abschmecken.

3. Die Suppe anrichten. Die restlichen Radieschen-
scheiben und die Gänseblümchen darüber-
streuen. Auf jede Portion Suppe 1 EL Pesto geben.
Das restliche Pesto hält sich gut verschlossen im
Kühlschrank 14 Tage und lässt sich z. B. als Belag
für Crostini verwenden.

Gekühlte Spargelsuppe
mit Kräuter-Garnelen und Croûtons

2 EL Olivenöl
150 g Garnelen, geschält, halbiert
2 Knoblauchzehen, in feine Scheiben geschnitten
Meersalz | Pfeffer aus der Mühle
5 Zweige Kerbel und Minze, fein gehackt
750 g grüner Spargel, unteres Ende geschält
100 g Weißbrot ohne Rinde, fein gewürfelt
2 Tomaten, grob gewürfelt
1–2 EL Weißweinessig
10 g frischer Ingwer, fein gerieben
3 EL Olivenöl

Zubereitungszeit: 35 Minuten (ohne Kühlzeit)

1. Das Öl in einer Pfanne erhitzen, die Garnelen und den Knoblauch 5 Minuten braten. Mit Salz und Pfeffer würzen. Dann die Kräuter hinzufügen und abkühlen lassen.

2. Den Spargel in ½ l kochendem Wasser 5 Minuten kochen. 200 ml des Spargelkochwassers abgießen und auskühlen lassen. Den Spargel kalt abschrecken und gut abtropfen lassen. Ein Viertel des Spargels in feine Scheiben schneiden und beiseitelegen. Den Rest in etwa 3 cm große Stücke schneiden.

3. Die Hälfte der Brotwürfel, die Spargelstücke, die Tomaten, den Essig, den beiseitegestellten Spargelfond, Ingwer und Olivenöl fein pürieren. Mit Salz und Pfeffer würzen. Etwa 30 Minuten im Gefrierfach durchkühlen.

4. Inzwischen die restlichen Brotwürfel in einer Pfanne ohne Fett rösten und leicht salzen. Die kalte Suppe mit den Garnelen, den beiseitegelegten Spargelscheiben und den Brotcroûtons servieren.

Kartoffel-Kohlrabi-Suppe mit Spitzwegerich

20 g Butter
1 Zwiebel, fein gewürfelt
1 Knoblauchzehe, fein gehackt
250 g Kartoffeln, geschält, grob gewürfelt
200 g Kohlrabi, geschält, grob gewürfelt
850 ml Gemüsebrühe
Salz | Pfeffer aus der Mühle
frisch geriebene Muskatnuss
20 g Spitzwegerich oder
ersatzweise halb Majoran, halb Rucola,
grob gehackt
150 ml Schlagsahne
30 g Sauerrahm
1 Zitrone, Schale von ½ Zitrone fein abgerieben,
Saft ausgepresst
20 g Kürbiskerne, geröstet, grob gehackt

Zubereitungszeit: 35 Minuten

1. Die Butter erhitzen. Zwiebel und Knoblauch andünsten, Kartoffeln und Kohlrabi hinzufügen und kurz mitdünsten. Mit der Gemüsebrühe ablöschen. Mit Salz, Muskatnuss und Pfeffer würzen und zugedeckt 15 Minuten kochen. Am Ende der Garzeit den Spitzwegerich hinzufügen.

2. Die Sahne dazugießen, kurz aufkochen und die Suppe mit dem Mixer pürieren. Nochmals mit Salz, Pfeffer, und Muskatnuss abschmecken.

3. Sauerrahm, Zitronenschale und 3 EL Zitronensaft gut verrühren. Die Suppe in tiefen Tellern anrichten, den Sauerrahm darauf verteilen und leicht einrühren. Mit Kürbiskernen bestreut servieren.

Dazu passt Baguette.

Salatsuppe mit Erdbeeröl und Gremolata

2 EL Olivenöl
3 Schalotten, fein gewürfelt
100 g Kartoffeln, geschält, gewürfelt
100 ml Weißwein
100 ml Schlagsahne
½ l Gemüsebrühe
300 g Kopfsalat, Strunk entfernt, grob geschnitten
Salz | Pfeffer aus der Mühle
1 Zitrone, Saft

Gremolata
1 Zitrone, fein abgeriebene Schale
1 Bund glatte Petersilie, fein gehackt
25 g Parmesan, fein gerieben

Erdbeeröl
80 g Erdbeeren, geputzt, halbiert
3 EL Olivenöl
Salz | Pfeffer aus der Mühle

Zubereitungszeit: 40 Minuten

1. Das Öl in einem Topf erhitzen, die Schalotten und die Kartoffeln kurz andünsten. Mit Weißwein, Sahne und Gemüsebrühe ablöschen. Die Suppe zugedeckt bei mittlerer Hitze 20 Minuten kochen lassen.

2. Inzwischen für die Gremolata Zitronenschale, Petersilie und Parmesan mischen.

3. Für das Erdbeeröl die Erdbeeren mit Olivenöl, Salz und Pfeffer mit dem Schneidstab fein pürieren.

4. Die Suppe und den grob geschnittenen Salat mit dem Mixer fein pürieren. Mit Salz, Pfeffer und Zitronensaft abschmecken. Mit der Gremolata und dem Erdbeeröl servieren.

Dazu passt Roggenbrot.

Spargelcremesuppe mit Waldmeister ›

750 g weißer Spargel, geschält, Schalen aufbewahrt
1 l Wasser
Salz
1 Prise Zucker
1 Zweig Waldmeister, leicht angewelkt
(siehe Tipp Seite 149)
2 EL Olivenöl
1 Zwiebel, fein gewürfelt
100 g Kartoffeln, geschält, fein gewürfelt
150 ml Schlagsahne
Pfeffer aus der Mühle
frisch geriebene Muskatnuss
2 – 3 EL Zitronensaft

Zubereitungszeit: 35 Minuten

1. Die Spargelschalen mit Wasser, Salz, Zucker und dem Waldmeister aufkochen und 10 Minuten ziehen lassen. Dann die Spargelbrühe durch ein Sieb abgießen.

2. Die Spargelstangen in 3 cm lange Stücke schneiden. Das Öl erhitzen, Zwiebel, Kartoffel und Spargel andünsten. Mit dem Spargelfond und der Sahne aufgießen und zugedeckt 20 Minuten kochen lassen. Mit Salz, Pfeffer, Muskatnuss und Zitronensaft würzen.

3. Die Suppe mit dem Mixer fein pürieren und durch ein Sieb passieren. Anrichten und mit etwas Olivenöl beträufelt servieren.

Neun-Kräuter-Suppe mit Mandel-Crostini

Grüne Spargelsuppe
mit pochiertem Ei

2 EL Olivenöl
2 Zwiebeln, fein gewürfelt
1 Knoblauchzehe, fein gehackt
400 g grüner Spargel, unteres Ende geschält,
in Stücke geschnitten
150 g Kartoffeln, geschält, fein gewürfelt
1 Msp. gemahlener Kreuzkümmel
750 ml Gemüsebrühe
100 ml Schlagsahne
Salz | Pfeffer aus der Mühle
frisch geriebene Muskatnuss
3 EL Zitronensaft

Pochierte Eier
4 l Wasser
50 ml Essig
4 Eier

Zubereitungszeit: 35 Minuten

1. Das Öl in einem Topf erhitzen. Zwiebeln,
Knoblauch, Spargel, Kartoffeln und Kreuzkümmel
andünsten. Mit der Gemüsebrühe und der Sahne
ablöschen und zugedeckt 15 Minuten kochen
lassen. Dann fein pürieren. Mit Salz, Pfeffer,
Muskatnuss und Zitronensaft abschmecken.

2. In einem Topf das Wasser und den Essig zum
Kochen bringen. Die Eier nacheinander jeweils
in eine Tasse schlagen und vorsichtig ins Wasser
gleiten lassen, mit 2 Esslöffeln in Form bringen
und 4 Minuten sanft unter dem Siedepunkt
ziehen lassen. (Achtung: Das Wasser darf nicht
mehr kochen!) Die Eier herausheben, auf
Küchenpapier abtropfen lassen und mit der
Suppe anrichten.

Vichyssoise mit Spargel, Frühlingszwiebeln und Mandelmus

Kalte Kartoffelsuppe
25 g Butter
400 g festkochende Kartoffeln, geschält, gewürfelt
4 Frühlingszwiebeln, in feine Ringe geschnitten
200 g weißer Spargel, geschält, in 1 cm große Stücke geschnitten
2 Knoblauchzehen, fein gehackt
1 rote Pfefferschote, halbiert, entkernt, fein gehackt
1,2 l Gemüsebrühe
75 g Crème fraîche
2 – 3 EL Zitronensaft
1 – 2 EL Mandelmus (im Reformhaus oder Bioladen erhältlich)
Salz | Pfeffer aus der Mühle
2 EL Zitronensaft
20 g Mandeln, grob gehackt

Zubereitungszeit: 30 Minuten (ohne Kühlzeit)

1. Die Butter in einem Topf erhitzen. Die Kartoffeln, zwei Drittel der Frühlingszwiebeln, Spargel, Knoblauch und Pfefferschote andünsten. Die Gemüsebrühe hinzufügen und zugedeckt 20 Minuten kochen lassen.

2. Die Suppe fein pürieren und im Kühlschrank erkalten lassen. Crème fraîche, Zitronensaft und Mandelmus verrühren. In die kalte Suppe einrühren. Mit den gehackten Mandeln und den restlichen Frühlingszwiebeln bestreut servieren.

< Neun-Kräuter-Suppe mit Mandel-Crostini

2 EL Olivenöl
350 g Kartoffeln, geschält, grob gewürfelt
2 Zwiebeln, fein gewürfelt
2 Knoblauchzehen, fein gehackt
800 ml Gemüsebrühe
100 ml Schlagsahne
Salz | Pfeffer aus der Mühle
frisch geriebene Muskatnuss
100 g gemischte Wildkräuter (siehe Tipp) oder ersatzweise gemischte Kräuter wie Schnittlauch, Petersilie, Dill, Kerbel, Basilikum, grob gehackt

Mandel-Crostini
½ Baguette, in Scheiben geschnitten
60 g Mandelmus (im Reformhaus oder Bioladen erhältlich)

Zubereitungszeit: 35 Minuten

1. Das Olivenöl in einem großen Topf erhitzen. Kartoffeln, Zwiebeln und Knoblauch andünsten. Mit der Gemüsebrühe und der Sahne ablöschen und zugedeckt 15 Minuten köcheln lassen. Mit Salz, Pfeffer und Muskatnuss würzen. Die Kräuter hinzufügen und alles mit dem Mixer fein pürieren.

2. Die Brotscheiben im heißen Ofen bei 200 Grad (Umluft 180 Grad) 5 – 8 Minuten rösten. Mit dem Mandelmus bestreichen und zur Suppe servieren.

Tipp:
Zu den ersten Kräutern des Frühjahrs, die typischerweise für die Neun-Kräuter-Suppe verwendet werden, gehören Scharbockskraut, Löwenzahn, Giersch, Gänseblümchen, Brennnessel, Spitzwegerich, Sauerampfer, Schafgarbe, Bärlauch und Sauerklee.

Vergissmeinnicht

Brennnessel

Scharbockskraut

Pimpernelle

Bärlauch

Gänseblümchen

Schnittlauchblüten

Spitzwegerich

Wiesenschaumkraut

Wildrosenblüten

Sauerampfer

Lindenblätter

...iersch

Waldmeister

Hirtentäschel

...ogelmiere

Wiesenkleeblüten

Knoblauchrauke

< Kohlrabi-Tomaten-Minestrone mit Basilikum und Röstbrot

3 EL Olivenöl
2 Knoblauchzehen, fein gehackt
2 Zwiebeln, fein gewürfelt
¼ TL Kreuzkümmel (Cumin), ganz
2 Kohlrabi, geschält, 1 cm groß gewürfelt
100 g Karotten, geschält, 1 cm groß gewürfelt
500 g Tomaten, grob gewürfelt
2 EL Tomatenmark
250 ml Tomatensaft
1 l Gemüsebrühe
Salz, Pfeffer aus der Mühle
3 – 4 EL Zitronensaft
1 Bund Basilikum, fein gehackt
60 g Crème fraîche

Röstbrot
1 Ciabatta-Brot, in Scheiben geschnitten
3 EL Olivenöl
grobes Meersalz

Zubereitungszeit: 45 Minuten

1. Das Olivenöl in einem Topf erhitzen. Knoblauch, Zwiebeln, Kreuzkümmel, Kohlrabi, Karotten und Tomaten andünsten. Das Tomatenmark hinzu-fügen und kurz mitdünsten. Mit Tomatensaft und Gemüsebrühe ablöschen und zugedeckt 25 Minuten kochen lassen.

2. Inzwischen für das Röstbrot die Brotscheiben mit Olivenöl beträufeln, mit etwas Meersalz bestreuen und auf ein Backblech geben. Unter dem vorgeheizten Backofengrill 3 – 5 Minuten rösten.

3. Die Minestrone mit Salz, Pfeffer und Zitronen-saft abschmecken und das Basilikum darüber-streuen. Anrichten und auf jede Portion einen Klecks Crème fraîche setzen. Mit dem gerösteten Brot servieren.

Kalte Avocadosuppe mit Sesambrot, Kresse und Räucherlachs

1 große, reife Avocado
2 Limetten, fein abgeriebene Schale von ½ Limette, Saft von beiden
½ l Gemüsebrühe, kalt
150 g Vollmilchjoghurt
1 EL Sesammus (im Bioladen oder Reformhaus erhältlich)
1 Karton Kresse
Salz | Pfeffer aus der Mühle

Sesambrot
4 Scheiben helles Kastenbrot
2 EL Sesammus

100 g geräucherter Lachs, in Streifen geschnitten

Zubereitungszeit: 30 Minuten (ohne Kühlzeit)

1. Das Fruchtfleisch der Avocado aus der Schale lösen und sofort mit dem Limettensaft vermischen, damit es sich nicht verfärbt. Gemüsebrühe, Joghurt, Limettenschale, Sesammus, die Hälfte der Kresse, Salz und Pfeffer hinzufügen und fein pürieren. Die Suppe etwa 30 Minuten kalt stellen.

2. Die Brotscheiben toasten. Mit Sesammus bestreichen und die restliche Kresse darauf verteilen. Die Suppe mit den Broten und dem Räucherlachs servieren.

Frühlings-Borschtsch mit Zuckerschoten, Hähnchen und Minze

1 Bund junge Rote Bete (Randen) mit Grün
400 g festkochende Kartoffeln, geschält
2 EL Olivenöl
2 Zwiebeln, in Streifen geschnitten
2 Knoblauchzehen, fein gehackt
1 TL Tomatenmark
1 l Hühnerbrühe
Salz | Pfeffer aus der Mühle
1 TL gemahlener Kümmel
2 Hähnchenbrüste (je 150 g), in 2 cm große Würfel geschnitten
200 g Zuckerschoten (Kefen), in Streifen geschnitten
100 g Salatgurke, geschält und fein gewürfelt
1 Zitrone, fein abgeriebene Schale und Saft
½ Bund Minze, grob gehackt
6 EL saure Sahne
4 Scheiben Nussbrot

Zubereitungszeit: 45 Minuten

1. Die Blätter der Roten Bete fein hacken, die Knollen schälen und in 1 cm große Würfel schneiden. Die Kartoffeln ebenfalls 1 cm groß würfeln.

2. Das Öl in einem großen Topf erhitzen. Zwiebeln, Knoblauch, die gewürfelte Rote Bete und die Kartoffeln bei mittlerer Hitze andünsten. Das Tomatenmark hinzufügen und anschließend mit der Hühnerbrühe aufgießen. Mit Salz, Pfeffer und Kümmel würzen und zugedeckt bei mittlerer Hitze 15 Minuten kochen lassen. Nach 10 Minuten Garzeit Hähnchenfleisch, Zuckerschoten, Gurke und die gehackten Betenblätter hinzufügen.

3. Den Eintopf mit Salz, Pfeffer, Zitronensaft und Zitronenschale abschmecken. Mit Minze bestreut und mit saurer Sahne und Nussbrot servieren.

Frühlingsgemüse-Eintopf mit Zitronencreme und Spitzwegerich-Crostini

Frühlingsgemüse-Eintopf
mit Zitronencreme
und Spitzwegerich-Crostini

250 g Kartoffeln, geschält
1 Kohlrabi, geschält
250 g Karotten, geschält
3 EL Olivenöl
2 Zwiebeln, fein gewürfelt
1 Knoblauchzehe, fein gehackt
3 Zweige Majoran, fein gehackt
1,2 l Gemüsebrühe
500 g grüner oder weißer Spargel, geschält
300 g Zuckerschoten (Kefen)
Salz | Pfeffer aus der Mühle
frisch geriebene Muskatnuss

Zitronencreme

200 g Sauerrahm
½ Zitrone, abgeriebene Schale
2 – 3 EL Zitronensaft
1 Knoblauchzehe, gepresst

Spitzwegerich-Crostini

10 g Spitzwegerich oder
ersatzweise Rucola
6 EL Olivenöl
½ Baguette, in dünne Scheiben geschnitten

Zubereitungszeit: 45 Minuten

1. Kartoffeln und Kohlrabi in 1 cm große Würfel schneiden. Karotten längs halbieren und in Scheiben schneiden. Das Olivenöl in einem Topf erhitzen. Zwiebeln, Knoblauch, Kartoffeln, Kohlrabi, Karotten und Majoran andünsten. Mit der Gemüsebrühe ablöschen und zugedeckt 15 Minuten kochen lassen. Inzwischen den Spargel ebenfalls in 1 cm breite Scheiben schneiden, die Zucker-schoten längs halbieren. Nach 10 Minuten Garzeit den Spargel und nach weiteren 5 Minuten die Zuckerschoten hinzufügen. Mit Salz, Pfeffer und Muskatnuss würzen.

2. Für die Zitronencreme den Sauerrahm mit Zitronenschale, Zitronensaft, Knoblauch, Salz und Pfeffer gut verrühren.

3. Für die Crostini den Spitzwegerich und das Olivenöl in ein hohes Gefäß geben und mit dem Mixer fein pürieren. Die Baguettescheiben im heißen Ofen bei 200 Grad (Umluft 180 Grad) 5 Minuten rösten. Mit dem Spitzwegerichöl bestreichen.

4. Die Suppe mit der Zitronencreme anrichten. Die Crostini dazu servieren.

Märzenfrisch

VEGETARISCHE HAUPTGERICHTE

< Holunder-Crêpes mit wildem Spargel, Holunder-Sabayon und Parmesan

Crêpes
250 ml Milch
100 g Mehl
50 g Buchweizenmehl
2 Eier
Salz | Pfeffer aus der Mühle
frisch geriebene Muskatnuss
3 Holunderblütendolden

Holunder-Sabayon
200 ml Weißwein
2 Holunderblütendolden
2 Eier

1 kg Wildspargel oder feiner grüner Spargel,
unteres Drittel geschält
20 g Butter
2 – 3 EL Zitronensaft
30 g Parmesan, fein gehobelt oder geraspelt

**Zubereitungszeit: 1 Stunde
(ohne Ziehenlassen)**

1. Für den Sabayon zunächst den Weißwein erwärmen und die Holunderblütendolden 1 Stunde darin ziehen lassen.

2. Für den Crêpeteig Milch, Mehl, Buchweizenmehl, Eier, Salz, Pfeffer und Muskatnuss gut verrühren. Die Holunderblüten abzupfen und unter den Teig mischen. In einer beschichteten Pfanne nacheinander daraus 4 Crêpes ausbacken. Die Crêpes zugedeckt warm stellen.

3. Für den Sabayon den Weißwein durch ein Sieb abgießen. Eier, Weißwein, Salz und Pfeffer in einer Edelstahlschüssel über einem heißen Wasserbad mit dem Schneebesen so lange aufschlagen, bis ein dickflüssiger, schaumiger Sabayon entstanden ist (Achtung: nicht mehr kochen!).

4. Den Spargel in kochendem Salzwasser 3 – 5 Minuten garen, abgießen, in der erwärmten Butter schwenken. Mit Zitronensaft, Salz und Pfeffer würzen. Die Crêpes mit dem Spargel, dem Sabayon und Parmesan anrichten.

Grüne Nudeln mit Spargel, Frühlingszwiebeln und Zitronensauce

3 EL Olivenöl
500 g grüner Spargel, am unteren Ende
geschält, in dünne Scheiben geschnitten
500 g weißer Spargel, geschält,
in dünne Scheiben geschnitten
3 Zweige Thymian, fein gehackt
2 Knoblauchzehen, fein gehackt
4 Frühlingszwiebeln, in feine Ringe geschnitten
3 Zweige Oregano, fein gehackt
300 ml Gemüsebrühe
200 ml Schlagsahne
1 Zitrone, fein abgeriebene Schale und Saft
30 g Mandelmus
Salz | Pfeffer aus der Mühle
frisch geriebene Muskatnuss
50 g Walnüsse, gehackt

400 g grüne Bandnudeln oder Spaghetti
30 g Parmesan

Zubereitungszeit: 25 Minuten

1. Das Olivenöl in einem Topf erhitzen. Den grünen
und den weißen Spargel mit Thymian, Knoblauch,
Frühlingszwiebeln und Oregano andünsten.
Mit Brühe, Zitronensaft und Sahne ablöschen,
Zitronenschale und Mandelmus hinzufügen
und zugedeckt 5 Minuten kochen lassen.
Mit Salz, Pfeffer und Muskatnuss abschmecken.
Die Walnüsse hinzufügen.

2. Die Nudeln in kochendem Salzwasser al dente
kochen. Abgießen, abtropfen lassen und gut mit
der Sauce vermischen. Den Parmesan darüberhobeln.

< Fenchel, Karotten und Erbsen auf Wildkräuter-Couscous

3 EL Olivenöl
3 Fenchelknollen, grob gewürfelt
300 g Karotten, geschält, in Scheiben
geschnitten
250 g frische Erbsen, ausgelöst
½ TL Kreuzkümmel, ganz
3 rote Zwiebeln, in dünne Ringe geschnitten
2 Knoblauchzehen, fein gehackt
Salz | Pfeffer aus der Mühle
250 ml Weißwein

Couscous
250 ml Gemüsebrühe
250 g Couscous
100 g gemischte Wildkräuter (junger Giersch,
Löwenzahn, Oregano, Schafgarbe, Sauerampfer
usw.), fein gehackt
3 EL Zitronensaft
frisch geriebene Muskatnuss
100 g Schafskäse, gewürfelt

Zubereitungszeit: 50 Minuten

1. Das Olivenöl in einem großen Topf erhitzen,
Fenchel, Karotten, Erbsen, Kreuzkümmel, Zwiebeln
und Knoblauch 5 Minuten andünsten. Mit Salz
und Pfeffer würzen. Mit dem Weißwein ablöschen
und 6–8 Minuten zugedeckt köcheln lassen.

2. Die Gemüsebrühe erhitzen, den Couscous
einrühren und 10 Minuten bei milder Hitze
quellen lassen. Die Wildkräuter und den
Zitronensaft daruntermischen. Mit Salz,
Pfeffer und Muskatnuss würzen. Kurz vor Ende
der Garzeit den Schafskäse darunterrühren.
Mit dem Gemüse servieren.

Frühlings-Tzatziki mit neuen Kartoffeln und Kopfsalat

1 Gurke, geschält, fein gewürfelt
2 Stangen Rhabarber, fein gewürfelt
15 Radieschen, fein gewürfelt
20 g Bärlauch, fein gehackt, oder
ersatzweise 2 fein gehackte Knoblauchzehen
1 Zitrone, fein abgeriebene Schale und Saft
500 g Speisequark
Salz | Pfeffer aus der Mühle

800 g neue Kartoffeln
3 EL Olivenöl
2 TL milder Senf
40 g Walnüsse, gehackt
3 EL Ahornsirup
3 EL Himbeeressig
1 Kopfsalat, in mundgerechte Stücke gezupft

Zubereitungszeit: 35 Minuten

1. Gurke, Rhabarber, Radieschen, Bärlauch,
Zitronenschale, Zitronensaft und Quark verrühren.
Mit Salz und Pfeffer würzen.

2. Die Kartoffeln 20 Minuten in Salzwasser kochen.

3. Olivenöl, Senf, Walnüsse, Ahornsirup, Essig, Salz
und Pfeffer gut verrühren. Das Dressing mit dem
Kopfsalat mischen.

4. Die Kartoffeln mit Tzatziki und Salat servieren.

Papas arrugadas mit Wildkräuter-Mojo und Spargelsalat

Mojo

1 weiche Avocado
3 EL Zitronensaft
3 Knoblauchzehen, grob gehackt
2 grüne Chilischoten, entkernt, grob gehackt
2 EL Olivenöl
100 g gemischte Wildkräuter, grob gehackt
Salz | Pfeffer aus der Mühle

Spargelsalat

1 kg grüner Spargel, unteres Ende geschält
50 g Kürbiskerne, grob gehackt
4 EL Kürbiskernöl
2 Frühlingszwiebeln, in feine Ringe geschnitten
2 EL Holunderblütensirup
3 EL Zitronensaft

Papas arrugadas

1 kg Frühkartoffeln, abgebürstet
130 g grobes Meersalz

Zubereitungszeit: 1 Stunde

1. Für die Mojo die Avocado halbieren, den Stein entfernen und das Fruchtfleisch mit einem Löffel herauslösen. Sofort mit dem Zitronensaft vermischen. Avocado, Knoblauch, Chili, Olivenöl, Wildkräuter, Salz und Pfeffer fein pürieren.

2. Für den Spargelsalat den Spargel in kochendem Salzwasser 6 Minuten zugedeckt kochen. Dann abgießen und kalt abschrecken. Die Kürbiskerne in einer Pfanne ohne Fett 3 Minuten rösten und leicht salzen. Kürbiskernöl, Kürbiskerne, Frühlingszwiebeln, Holunderblütensirup, Salz, Pfeffer und Zitronensaft gut verrühren. Den Spargel mit dem Dressing vermischen und 30 Minuten ziehen lassen.

3. Inzwischen die Kartoffeln und das Meersalz in einen Topf geben und mit Wasser bedecken. Zugedeckt bei milder Hitze 20 Minuten kochen lassen. Die Kartoffeln abgießen, zurück in den Topf geben und auf dem ausgeschalteten Herd ausdämpfen lassen, dabei gelegentlich durchrütteln, bis die Kartoffeln rundum von einer weißen Salzschicht überzogen sind. Die Papas arrugadas mit der Mojo und dem Spargelsalat servieren.

Spargel-Rhabarber-Tarte-Tatin mit Frischkäse und Giersch

20 g frische Hefe (½ Würfel), grob zerbröselt
(oder 10 g Trockenhefe)
350 g Mehl (Type 550)
30 ml Olivenöl
150 ml Wasser
grobes Meersalz | Pfeffer aus der Mühle
20 g Butter für die Form
200 g Rhabarber, geschält, längs halbiert
350 g weißer Spargel, geschält,
je nach Dicke halbiert
1 Zitrone, abgeriebene Schale
50 g junger Giersch oder
ersatzweise Rucola
75 g Frischkäse

Zubereitungszeit: 1 Stunde 10 Minuten

1. Für den Hefeteig Hefe, Mehl, Olivenöl, Wasser, Salz und Pfeffer zu einem glatten Teig verkneten. An einem warmen Ort 35 Minuten gehen lassen.

2. Den Boden einer Springform von 28 cm Durchmesser ausbuttern. Rhabarber und Spargel abwechselnd in der Form verteilen. Mit Salz, Pfeffer und Zitronenschale würzen.

3. Den Teig auf einer bemehlten Arbeitsfläche auf 28 cm Durchmesser ausrollen und auf das Spargel-Rhabarber-Gemüse legen. Den Teig mit einer Gabel einstechen. Im vorgeheizten Backofen bei 200 Grad 15–20 Minuten backen. Herausnehmen, stürzen und etwas abkühlen lassen. Mit dem Giersch und mit Nocken von Frischkäse belegen.

Dazu passt ein grüner Salat.

Spargel-Rhabarber-Tarte-Tatin mit Frischkäse und Giersch

Spinat mit Erbsenpüree, gerösteten Nüssen und Ingwerschaum

4 EL Olivenöl
2 rote Zwiebeln, fein gewürfelt
3 Knoblauchzehen, fein gehackt
6 Blätter Salbei, fein gehackt
200 g Erbsen, tiefgefroren
150 ml Gemüsebrühe
Salz | Pfeffer aus der Mühle
frisch geriebene Muskatnuss
300 g junger Spinat, Blätter abgezupft
2 Frühlingszwiebeln, in feine Ringe geschnitten
50 ml Schlagsahne
2 EL Zitronensaft
40 g geröstete, gesalzene Erdnüsse, grob gehackt

Ingwerschaum
20 g Butter
20 g Mehl (Type 405)
150 ml Gemüsebrühe
120 ml Schlagsahne
20 g frischer Ingwer, fein gerieben

Zubereitungszeit: 25 Minuten

1. Für das Erbsenpüree 2 EL Öl erhitzen, Zwiebeln, die Hälfte des Knoblauchs und Salbei andünsten. Erbsen hinzufügen und mit der Brühe ablöschen. Zugedeckt 10 Minuten köcheln lassen. Mit Salz, Pfeffer und Muskatnuss würzen. Dann mit dem Mixer fein pürieren.

2. Den Spinat in kochendem Salzwasser 3 Minuten kochen, dann kalt abschrecken und ausdrücken. Die Frühlingszwiebeln und den restlichen Knoblauch in 2 EL Öl andünsten, den Spinat hinzufügen, die Sahne dazugießen, mit Salz, Pfeffer, Muskatnuss und Zitronensaft würzen. Zuletzt die Erdnüsse daruntermischen.

3. Für den Ingwerschaum die Butter erhitzen, das Mehl einstreuen. Brühe, Sahne und Ingwer hinzufügen und einmal aufkochen. Dann mit dem Mixer fein pürieren und aufschäumen. Das Erbsenpüree mit dem Spinat und dem Ingwerschaum servieren.

Bärlauchrisotto mit Spargel, Tomaten und Räucherkäse

< Bärlauchrisotto mit Spargel, Tomaten und Räucherkäse

1,2 l Gemüsebrühe
3 EL Olivenöl
2 Zwiebeln, fein gewürfelt
240 g Risottoreis (Rundkornreis)
1 Knoblauchzehe, fein gehackt
750 g weißer Spargel, geschält, in 2 cm große
Stücke geschnitten
400 g Kirschtomaten, halbiert
50 g gemischte Kräuter (Kerbel, Schnittlauch,
Petersilie usw.), fein gehackt
50 g Parmesan, gerieben
20 g Bärlauch oder
ersatzweise Rucola, fein gehackt
1 Zitrone, fein abgeriebene Schale und Saft
Salz | Pfeffer aus der Mühle
frisch geriebene Muskatnuss
50 g geräucherter Mozzarella
oder anderer Räucherkäse, klein gewürfelt

Zubereitungszeit: 50 Minuten

1. Die Gemüsebrühe erhitzen. Das Olivenöl in
einem großen Topf erhitzen. Zwiebeln, Reis und
Knoblauch andünsten. Mit der Hälfte der heißen
Brühe ablöschen und 20 – 25 Minuten köcheln
lassen. Nach und nach die restliche Brühe hinzufügen und immer wieder umrühren. Nach
15 Minuten Garzeit den Spargel hinzufügen,
nach weiteren 10 Minuten die Tomaten.

2. Nach dem Ende der Garzeit den Topf vom Herd
nehmen, Kräuter, Parmesan und Bärlauch
daruntermischen. Mit Salz, Pfeffer, Zitronenschale
und Zitronensaft sowie Muskatnuss abschmecken.
Zuletzt den Räucherkäse daruntermischen.

Frühlings-Ofengemüse mit Zitronencreme und Kräuter-Pancakes

300 g Karotten, geschält, längs halbiert
1 Kohlrabi, geschält, in Spalten geschnitten
500 g Spargel, geschält, längs halbiert
und in 3 cm große Stücke geschnitten
10 g frischer Ingwer, geschält, fein gerieben
2 Knoblauchzehen, fein gehackt
3 EL Olivenöl
Salz | Pfeffer aus der Mühle
100 g Zuckerschoten (Kefen), längs halbiert
40 g Kapern, abgetropft, grob gehackt

Pancakes
375 g Mehl
350 ml Milch
2 Eier
1 TL Backpulver
50 g gemischte Kräuter (Schnittlauch, Petersilie,
Bärlauch, Kerbel, Kresse usw.), fein gehackt
4 EL Olivenöl

Zitronencreme
150 g Crème fraîche
1 Zitrone, fein abgeriebene Schale von
½ Zitrone, Saft der ganzen

Zubereitungszeit: 1 Stunde 20 Minuten

1. Karotten, Kohlrabi und Spargel mit Ingwer, Knoblauch, Olivenöl, Salz und Pfeffer gut vermischen und in eine feuerfeste Form geben. Im vorgeheizten Ofen bei 190 Grad (Umluft 170 Grad) zugedeckt 45 Minuten backen. Nach 30 Minuten Garzeit die Zuckerschoten und die Kapern hinzufügen.

2. Inzwischen für die Pancakes Mehl, Milch, Eier, Backpulver, Salz, Pfeffer und Wildkräuter gut verrühren. Etwa 30 Minuten quellen lassen.

3. Für die Zitronencreme die Crème fraîche mit Zitronenschale, Zitronensaft, Salz und Pfeffer gut verrühren.

4. Für die Pancakes das Öl in einer beschichteten Pfanne erhitzen. Aus dem Teig Pfannkuchen machen und von jeder Seite 5 Minuten ausbacken. Auf Küchenpapier abtropfen lassen. Mit dem Ofengemüse und der Zitronensauce servieren.

Spargelcurry mit Naan-Brot

Naan-Brot
200 g Dinkelmehl, (Type 630)
1 TL Trockenhefe
1 TL Salz
60 g Joghurt
75 ml warmes Wasser
1 TL Fenchelsamen
1 EL Öl
1 TL Zucker
1 EL Öl zum Bestreichen

Curry
200 g Basmatireis
300 ml Wasser
20 g Butter
2 Zwiebeln, fein gewürfelt
1 Knoblauchzehe, fein gehackt
2 EL Currypulver
750 g weißer Spargel, geschält, in 4 cm lange
Stücke geschnitten
750 g grüner Spargel, unteres Ende geschält,
in 4 cm lange Stücke geschnitten
350 ml Gemüsebrühe
150 ml Kokosmilch
2 EL Zitronensaft
50 g Mandeln, geröstet, gesalzen, grob gehackt
6 Zweige Koriander oder Petersilie, fein gehackt

**Zubereitungszeit: 1 Stunde 20 Minuten
(ohne Gehzeit)**

1. Mehl, Hefe, Salz, Joghurt, Wasser, Fenchelsamen, Öl und Zucker in einer Schüssel mischen. Mit den Knethaken des Handmixers oder der Küchenmaschine zu einem glatten Teig verarbeiten. Den Teig zugedeckt 2 Stunden gehen lassen. Den Teig auf einer bemehlten Arbeitsfläche ausrollen. Ein Backblech leicht ölen, den Teig darauflegen und im vorgeheizten Ofen bei 220 Grad (Umluft 200 Grad) 10–12 Minuten backen. Mit Öl bepinseln und mit etwas Salz und Pfeffer bestreuen.

2. Den Reis im Wasser 10 Minuten kochen, dann weitere 5 Minuten zugedeckt quellen lassen.

3. Die Butter in einem Topf erhitzen. Zwiebeln, Knoblauch, Currypulver und Spargel kurz anbraten. Die Gemüsebrühe dazugießen und zugedeckt 12–15 Minuten köcheln lassen. Kokosmilch und Zitronensaft hinzufügen, mit Salz und Pfeffer würzen. Zuletzt die Mandeln und die Kräuter darüberstreuen und mit dem in Stücke gebrochenen Naan-Brot servieren.

Kartoffel-Pfifferling-Soufflé
mit grünem Spargel
in Rucola-Vinaigrette

Soufflé

1 kg mehlig kochende Kartoffeln, geschält,
halbiert
4 EL Olivenöl
1 Zwiebel, fein gewürfelt
1 Knoblauchzehe, fein gehackt
400 g Pfifferlinge, geputzt, halbiert
(ersatzweise Champignons oder Shiitake)
Salz | Pfeffer aus der Mühle
4 Eier
70 g Parmesan, gerieben
1 Bund Petersilie, fein gehackt
frisch gemahlene Muskatnuss

1 kg grüner Spargel, unteres Ende geschält,
längs halbiert
50 g Kalamata-Oliven ohne Stein, fein gewürfelt
3 EL Olivenöl
1 TL milder Senf
3 EL Zitronensaft
2 Bund Rucola, grob gehackt

Zubereitungszeit: 1 Stunde

1. Die Kartoffeln 20 Minuten gar kochen.

2. Inzwischen 2 EL Öl erhitzen. Zwiebel, Knoblauch und Pfifferlinge 5 Minuten anbraten. Mit Salz und Pfeffer würzen, dann abkühlen lassen.

3. Die Kartoffeln abgießen und durch die Kartoffelpresse drücken oder zerstampfen. Die Eier trennen. Das Eiweiß steif schlagen. Die Eigelb, den Parmesan, 1 EL Öl und Petersilie mit den Kartoffeln verrühren. Die Pfifferlinge hinzufügen und gut mischen. Mit Salz, Pfeffer und Muskatnuss würzen. Zuletzt den Eischnee vorsichtig darunterheben. Eine feuerfeste Form mit 1 EL Olivenöl fetten, die Kartoffelmasse einfüllen. Im vorgeheizten Ofen bei 200 Grad 20 Minuten backen.

4. Den Spargel 8 Minuten in Salzwasser kochen, dann abgießen und kalt abschrecken. Für die Vinaigrette Oliven, Olivenöl, Senf, Zitronensaft, Salz und Pfeffer verrühren. Rucola, Spargel und Vinaigrette gut mischen. Zum Soufflé servieren.

Wildkräuter-Ravioli auf Brennnesselspinat mit Parmesan

< Wildkräuter-Ravioli
auf Brennnesselspinat mit Parmesan

Ravioli

250 g Hartweizengrieß
250 g Mehl
4 Eier
4 EL Olivenöl
Salz

Füllung

250 g Ricotta
50 g Parmesan, gerieben
120 g gemischte Wildkräuter (Oregano,
Schafgarbe, Schnittlauchblüten, Giersch,
Löwenzahn usw.), fein gehackt
1 Knoblauchzehe, fein gehackt
40 g Walnüsse, fein gehackt
2 Eigelb
Salz | Pfeffer aus der Mühle

Brennnesselspinat

300 g Brennnesseln (mit Handschuhen
gesammelt)
2 Zwiebeln, fein gewürfelt
1 Knoblauchzehe, fein gehackt
1 Msp. gemahlener Kreuzkümmel
50 g Schlagsahne
10 g Butter
frisch geriebene Muskatnuss

20 g Parmesan zum Servieren

Zubereitungszeit: 1 Stunde 30 Minuten

1. Grieß, Mehl, Eier, Olivenöl, 4 EL Wasser und ½ TL Salz gut verkneten. In Frischhaltefolie wickeln und etwa 1 Stunde im Kühlschrank ruhen lassen.

2. Inzwischen für die Füllung Ricotta, Parmesan, Wildkräuter, die Hälfte des Knoblauchs, Walnüsse, Eigelb, Salz und Pfeffer vermischen.

3. Den Nudelteig portionsweise auf einer bemehlten Arbeitsfläche hauchdünn ausrollen. 32 Kreise von 12 cm Durchmesser ausstechen und mit etwas Wasser bestreichen. Die Füllung auf die Hälfte der Teigkreise verteilen, mit den restlichen Teigkreisen bedecken und diese am Rand mit einer Gabel gut festdrücken. Die fertigen Ravioli auf einem bemehlten Blech verteilen.

4. Die Brennnesseln kurz in kochendes Wasser geben, dann kalt abschrecken. Die Blätter abzupfen, die Flüssigkeit gut ausdrücken und die Brennnesselblätter grob hacken.

5. Zwiebeln, Knoblauch und Kreuzkümmel in Butter andünsten. Die Brennnesseln hinzufügen und die Sahne angießen. Mit Salz, Pfeffer und Muskatnuss würzen.

6. Die Ravioli in leicht kochendem Salzwasser 4–5 Minuten garen. Herausheben, gut abtropfen lassen und mit dem Brennnesselspinat anrichten. Den Parmesan darüberhobeln.

Frühlings-Moussaka mit selbst gebackenem Fladenbrot >

Brot

20 g frische Hefe (½ Würfel)
300 g Weizenmehl (Type 550)
120 g Weizenvollkornmehl
3 EL Olivenöl
2 Knoblauchzehen, fein gehackt
1 TL Fenchelsamen
300 ml Wasser
1 TL Kreuzkümmel (Cumin), ganz
Salz | Pfeffer aus der Mühle
2 EL Olivenöl zum Beträufeln

Moussaka

1 Kohlrabi, geschält, in hauchdünne Scheiben geschnitten
4 Tomaten, in Scheiben geschnitten
100 g Zuckerschoten (Kefen), in Streifen geschnitten
10 Radieschen, in Scheiben geschnitten
200 g Kartoffeln, geschält, in feine Scheiben geschnitten
2 Knoblauchzehen, in dünne Scheiben geschnitten
2 Zwiebeln, in feine Ringe geschnitten
180 g Schafskäse, fein gewürfelt
100 g Kalamata-Oliven ohne Stein, in feine Ringe geschnitten
3 EL Olivenöl zum Beträufeln

Zubereitungszeit: 1 Stunde 25 Minuten

1. Für das Brot Hefe, Mehl, Vollkornmehl, Olivenöl, Knoblauch, Fenchelsamen, Wasser, ½ TL Kreuzkümmel, Salz und Pfeffer gut verkneten. An einem warmen Ort 45 Minuten gehen lassen.

2. Inzwischen Kohlrabi, Tomaten, Zuckerschoten, Radieschen, Kartoffeln, Knoblauch, Zwiebelringe, 100 g Schafskäse und Oliven in eine feuerfeste Form schichten. Jede Lage mit Salz und Pfeffer würzen und mit etwas Olivenöl beträufeln.

3. Die Moussaka zugedeckt im vorgeheizten Ofen bei 180 Grad (Umluft 160 Grad) 40 Minuten backen, nach 30 Minuten den restlichen Schafskäse auf der Moussaka verteilen und ohne Abdeckung fertig backen.

4. Den Brotteig nochmals gut durchkneten und zu 4 gleich großen Fladen formen. Auf ein mit Backpapier belegtes Backblech legen, kreuzweise einritzen und mit Olivenöl beträufeln. Mit etwas Salz und Kreuzkümmel bestreuen. Auf der untersten Schiene einschieben und zusammen mit der Moussaka 15–20 Minuten backen. Die Moussaka mit dem Fladenbrot servieren.

Frühlings-Moussaka mit selbst gebackenem Fladenbrot

Brennnesselspinat mit Morcheln und Kartoffelplätzchen

Kartoffelplätzchen
750 g Kartoffeln, geschält
3 Eigelb
100 g Hartweizengrieß
50 g gemischte Kräuter (Schnittlauch, Petersilie, Kerbel), fein gehackt
Salz | Pfeffer aus der Mühle
frisch geriebene Muskatnuss
3 EL Öl zum Braten

Brennnesselspinat
15 g getrocknete Morcheln
300 g Brennnesseln, mit Handschuhen gepflückt, oder ersatzweise Spinat
3 EL Olivenöl
2 Zwiebeln, fein gewürfelt
1 Knoblauchzehe, fein gehackt
30 g Crème fraîche

2 Eier

Zubereitungszeit: 1 Stunde 20 Minuten

1. Die Morcheln über Nacht in 400 ml kaltem Wasser einweichen.

2. Die Kartoffeln in Salzwasser 15 Minuten kochen. Abgießen und ausdampfen lassen, dann durch die Kartoffelpresse drücken. Eigelbe, Grieß, gehackte Kräuter, Salz, Pfeffer und Muskatnuss daruntermischen und den Teig 30 Minuten ausquellen lassen.

3. Inzwischen die Brennnesseln in kochendem Salzwasser 3 Minuten kochen und kalt abschrecken. Die Blätter abzupfen und grob hacken. Die Morcheln ausdrücken, das Einweichwasser durch ein Sieb gießen und aufbewahren.

4. Das Öl in einem Topf erhitzen, Zwiebeln und Knoblauch andünsten. Die Brennnesseln beifügen und mitdünsten, die Morcheln hinzufügen. Mit Salz, Pfeffer, 4 EL Morcheleinweichwasser und Crème fraîche abschmecken. (Den restlichen Morchelfond anderweitig, z. B. als Brühe, verwenden.)

5. Die Eier in kochendem Salzwasser 7 Minuten kochen, dann kalt abschrecken, schälen und fein würfeln.

6. Die Handflächen mit Grieß bestäuben und aus dem Kartoffelteig 8 Plätzchen formen. In einer beschichteten Pfanne das Öl erhitzen und die Kartoffelplätzchen von jeder Seite 4 Minuten braten. Mit dem Gemüse und dem gehackten Ei bestreut servieren.

Dinkel-Crespelle mit Spinat,
roten Linsen und Trüffelkäse

Crespelle
10 g Butter
½ l Milch
200 g Dinkelmehl
3 Eier
Salz | Pfeffer aus der Mühle
frisch geriebene Muskatnuss
3 EL Öl zum Ausbacken

Füllung
2 EL Öl
2 Zwiebeln, fein gewürfelt
1 Knoblauchzehe, fein gehackt
2 Kohlrabi, geschält, fein gewürfelt
130 g rote Linsen
500 ml Gemüsebrühe
400 g Spinat oder Mangold, grob gehackt
100 g Crème fraîche
2 – 3 EL Zitronensaft

60 g Trüffel-Pecorino (oder anderer Käse),
zerkleinert

Zubereitungszeit: 45 Minuten

1. Für den Teig die Butter schmelzen. Milch, Mehl, Eier, flüssige Butter, Salz, Pfeffer und Muskatnuss mischen und den Teig etwa 30 Minuten kalt stellen.

2. Für die Füllung das Öl in einem großen Topf erhitzen, Zwiebeln, Knoblauch und Kohlrabi andünsten. Die roten Linsen hinzufügen und mit der Brühe ablöschen. Zugedeckt 10 Minuten kochen. Nach 5 Minuten Garzeit den Spinat und die Crème fraîche hinzufügen. Mit Salz, Pfeffer, Muskatnuss und Zitronensaft würzen.

3. Aus dem Teig in einer beschichteten, leicht geölten Pfanne (am besten die Pfanne immer wieder mit einem Backpinsel ausstreichen) 8 Crespelle ausbacken. Die Crespelle mit der Spinat-Linsen-Mischung füllen, zusammenklappen, in eine feuerfeste Form schichten und mit dem Käse bestreuen. Im vorgeheizten Ofen bei 200 Grad 5 Minuten überbacken.

Rumpsteak mit Wildkräuterkruste, Zuckerschoten mit Olivenvinaigrette

Frühling satt

FLEISCH UND FISCH

< Panierter Fisch
mit Bärlauch-Kartoffelsalat
und Sauerampfercreme

Kartoffelsalat
850 g festkochende Kartoffeln
2 EL Olivenöl
2 Zwiebeln, fein gewürfelt
150 ml Gemüsebrühe
fein abgeriebene Schale von ½ Zitrone
4 EL Zitronensaft
1 EL milder Senf
20 g Bärlauch oder
ersatzweise Basilikum, fein gehackt
Salz | Pfeffer aus der Mühle

Sauerampfercreme
100 g Crème fraîche
100 g Joghurt
20 g Sauerampfer oder
ersatzweise Rucola, grob gehackt

4 Rotbarschfilets ohne Haut und Gräten
(je 150 g)
1 EL Zitronensaft
60 g gemahlene Mandeln
20 g frische Meerrettichwurzel, fein gerieben
150 g Semmelbrösel
Mehl zum Bestäuben
2 Eier, verquirlt
4 EL Olivenöl

**Zubereitungszeit: 50 Minuten
(ohne Marinierzeit)**

1. Für den Kartoffelsalat die Kartoffeln mit Schale in Salzwasser 20 Minuten kochen. Abgießen und abkühlen lassen, dann schälen und in dünne Scheiben schneiden. Das Öl erhitzen, die Zwiebeln andünsten, mit der Brühe ablöschen. Zitronenschale und Zitronensaft hinzufügen. Die Kartoffelscheiben, Senf, Bärlauch, Salz und Pfeffer zur warmen Brühe geben, mischen und mindestens 2 Stunden ziehen lassen.

2. Für die Sauerampfercreme Crème fraîche, Joghurt, Sauerampfer, Salz und Pfeffer mit dem Mixer fein pürieren.

3. Den Fisch mit Salz, Pfeffer und Zitronensaft würzen. Für die Panade Mandeln, Meerrettich und Semmelbrösel mischen. Den Fisch beidseits mit etwas Mehl bestäuben, durch das Ei ziehen, dann in der Panade wenden und diese gut andrücken.

4. Das Öl in einer beschichteten Pfanne erhitzen, die panierten Fischfilets darin von jeder Seite 5 Minuten braten. Den Fisch auf Küchenpapier entfetten und mit dem Kartoffelsalat und der Sauerampfercreme servieren.

<< Rumpsteak mit Wildkräuterkruste, Zuckerschoten mit Olivenvinaigrette

Wildkräuterkruste
125 ml Wasser
60 g Couscous
30 g gemischte Wildkräuter, fein gehackt
2 Eigelb
Salz | Pfeffer aus der Mühle

Olivenvinaigrette
3 EL Olivenöl
2 EL Rotweinessig
1 TL milder Senf
100 g schwarze Oliven ohne Stein,
in Scheiben geschnitten

400 g Zuckerschoten (Kefen)
3 EL Olivenöl
4 Rumpsteaks (je 170 g)

Zubereitungszeit: 50 Minuten

1. Für die Kräuterkruste das Wasser aufkochen und den Couscous einstreuen. Den Topf vom Herd nehmen und den Couscous 10 Minuten quellen lassen. Wildkräuter, Couscous und Eigelbe verrühren. Mit Salz und Pfeffer würzen.

2. Für die Vinaigrette Öl, Essig, Senf, Oliven, Salz und Pfeffer verrühren.

3. Die Zuckerschoten in kochendem Salzwasser 6 Minuten garen. Dann noch warm mit der Olivenvinaigrette mischen. Mit Salz und Pfeffer würzen.

4. Für das Fleisch 3 EL Öl in einer Pfanne erhitzen, die Steaks von jeder Seite 3 Minuten braten. Mit Salz und Pfeffer würzen. Die Kruste auf den Steaks verteilen und unter dem heißen Backofen-grill 5 Minuten überbacken.

Nudelpfanne mit Bärlauch, Brokkoli, Huhn und Erdnüssen >

600 g Brokkoli, in Röschen zerteilt
Salz
400 g Nudeln (z. B. Rotelle)
4 EL Olivenöl
3 Zwiebeln, in feine Ringe geschnitten
2 Hähnchenbrustfilets, in Streifen geschnitten
40 g Bärlauch oder
ersatzweise gemischte Kräuter, fein geschnitten
100 g geröstete, gesalzene Erdnüsse
100 g Crème fraîche
Pfeffer aus der Mühle
frisch geriebene Muskatnuss

Zubereitungszeit: 30 Minuten

1. Den Brokkoli in kochendem Salzwasser 4 Minuten garen, dann kalt abschrecken.

2. Die Nudeln in kochendem Salzwasser 8 Minuten kochen.

3. Das Öl in einer großen, beschichteten Pfanne erhitzen, die Zwiebeln und die Hähnchenbrust-streifen 5 Minuten anbraten, dann Bärlauch, Erdnüsse und Brokkoli hinzufügen und weitere 3 Minuten braten.

4. Die Nudeln abseihen und mit Gemüse und Hähnchenfleisch mischen. Die Crème fraîche darunterziehen. Mit Salz, Pfeffer und Muskatnuss abschmecken.

Nudelpfanne mit Bärlauch, Brokkoli, Huhn und Erdnüssen

Wildlachs in Mandelkruste auf Kartoffel-Avocado-Püree mit Kapern-Radieschen-Butter

< Wildlachs in Mandelkruste auf Kartoffel-Avocado-Püree mit Kapern-Radieschen-Butter

Mandelkruste

75 g gemahlene Mandeln
65 g Butter
75 g frisch gemahlene Semmelbrösel
1 Zitrone, fein abgeriebene Schale
Salz, Pfeffer aus der Mühle

Kartoffel-Avocado-Püree

800 g Kartoffeln, geschält
300 ml Gemüsebrühe
2 EL Olivenöl
1 reife, weiche Avocado
4 EL Zitronensaft
3 Zweige Dill, fein gehackt
frisch geriebene Muskatnuss

4 (Wild-)Lachsfilets ohne Haut (je 150 g)
20 g Mehl
3 EL Olivenöl

Kapernbutter

25 g Butter
10 Radieschen, fein gewürfelt
20 g Kapern in Lake, abgetropft, fein gehackt

Zubereitungszeit: 45 Minuten

1. Für die Mandelkruste Mandeln, Butter, Semmelbrösel, Zitronenschale, Salz und Pfeffer verkneten und 1 Stunde kalt stellen.

2. Die Kartoffeln in Salzwasser 20 Minuten zugedeckt kochen, abgießen und fein zerstampfen. Gemüsebrühe, Öl, Salz und Pfeffer hinzufügen. Die Avocado aus der Schale lösen, sofort mit dem Zitronensaft fein pürieren und unter das Kartoffelpüree mischen. Mit Salz, Pfeffer, Dill und Muskatnuss abschmecken.

3. Den Lachs mit Salz und Pfeffer würzen, in Mehl wenden und im heißen Öl von jeder Seite 2 Minuten braten. Die Mandelkruste auf die 4 Lachsfilets verteilen und unter dem heißen Backofengrill 3 – 5 Minuten überbacken.

4. Für die Kapernbutter die Butter erhitzen, Radieschen und Kapern kurz darin schwenken. Das Lachsfilet mit Kartoffelpüree und Kapernbutter servieren.

Rinder-Tagliata mit Löwenzahn-Zuckerschoten-Gemüse und Kartoffelpüree

Kartoffelpüree
600 g Kartoffeln, geschält, halbiert
20 g Butter
150 ml Milch, erwärmt
Salz
20 g Kapern in Olivenöl, abgetropft,
grob gehackt
Pfeffer aus der Mühle
frisch geriebene Muskatnuss

Löwenzahn-Zuckerschoten-Gemüse
350 g Löwenzahn oder
ersatzweise Spinat
2 EL Olivenöl
2 Zwiebeln, fein gewürfelt
2 Knoblauchzehen, fein gehackt
1 TL Zucker
300 g Zuckerschoten (Kefen), halbiert

4 Rumpsteaks (je 160 g)
3 EL Olivenöl

Zubereitungszeit: 50 Minuten

1. Für das Kartoffelpüree die Kartoffeln in kochendem Salzwasser 20 Minuten garen. Dann abgießen und fein zerstampfen. Butter, warme Milch, Salz, Kapern, Pfeffer und Muskatnuss hinzufügen.

2. Für das Gemüse den Löwenzahn zunächst 10 Minuten in lauwarmem Wasser einlegen, dann abtropfen lassen und grob hacken. Das Öl in einem Topf erhitzen, Zwiebeln und Knoblauch andünsten, den Zucker hinzufügen, dann die Zuckerschoten und den Löwenzahn 5 Minuten anbraten. Mit Salz und Pfeffer würzen.

3. Die Steaks pfeffern und im heißen Öl von jeder Seite 5 Minuten braten. Kurz ruhen lassen und dann in feine Scheiben aufschneiden. Mit dem Kartoffelpüree und dem Gemüse servieren.

Gefüllte Hähnchenbrust mit Morcheln, Spargel und Morchelrahmsauce

Morchelrahmsauce

15 g getrocknete Morcheln
1 EL Olivenöl
1 Zwiebel, fein gewürfelt
100 ml Schlagsahne
1 TL Speisestärke
Salz | Pfeffer aus der Mühle

Gefüllte Hähnchenbrüste

50 g gemischte Kräuter (Petersilie, Kerbel, Minze usw.), grob gehackt
5 EL Olivenöl
30 g Semmelbrösel
4 Hähnchenbrüste (je 150 g)

1 kg weißer Spargel, geschält, in 3 cm lange Stücke geschnitten
1 EL Olivenöl
2 Frühlingszwiebeln, in feine Ringe geschnitten
frisch geriebene Muskatnuss

Zubereitungszeit: 1 Stunde 20 Minuten

< Gefüllte Hähnchenbrust mit Morcheln, Spargel und Morchelrahmsauce

1. Die Morcheln über Nacht in ½ l Wasser einweichen.

2. Den Einweichfond durch ein Sieb in ein Gefäß abgießen, die Morcheln etwas ausdrücken und halbieren. 1 EL Öl in einem kleinen Topf erhitzen, die Zwiebel und 2 Morcheln andünsten, mit dem Morchelfond ablöschen und 8 Minuten offen köcheln lassen (die restlichen Morcheln für das Spargelgemüse beiseitelegen). Dann die Sahne hinzufügen. Die Speisestärke mit 2 EL Wasser verrühren und unter die Sauce rühren. Nochmals aufkochen und mit Salz und Pfeffer würzen.

3. Für die Füllung die Kräuter mit 3 EL Öl, Salz und Pfeffer mit dem Mixer fein pürieren. Die Semmelbrösel daruntermischen und die Masse gut verkneten. In die Hähnchenbrüste jeweils längs eine Tasche einschneiden, die Füllung hineindrücken und die Brüstchen mit Holzspießen verschließen. In einer Pfanne 2 EL Öl erhitzen, die Hähnchenbrüste rundherum anbraten und anschließend im 180 Grad heißen Ofen 10 Minuten nachgaren lassen.

4. Den Spargel in kochendem Salzwasser 8 Minuten garen. Das Öl erhitzen, die Frühlingszwiebeln andünsten, die beiseitegelegten Morcheln hinzufügen und 5 Minuten braten. Den Spargel abgießen und hinzufügen. Mit Salz, Pfeffer und Muskatnuss würzen. Die Hähnchenbrust mit Spargel, Morcheln und Morchelsauce anrichten.

Kalbsschnitzel al limone
mit geschmorten Frühlingszwiebeln, Spargel und Kartoffel-Vinaigrette

Kartoffel-Vinaigrette
2 EL Olivenöl
100 g Kartoffeln, geschält, fein gewürfelt
2 Schalotten, fein gewürfelt
1 TL Senfkörner
150 ml Gemüsebrühe
1 Zitrone, Saft
Salz | Pfeffer aus der Mühle

1 ½ kg weißer Spargel, geschält und quer halbiert
5 EL Olivenöl
1 Bund Frühlingszwiebeln, geputzt, in 5 cm lange Stücke geschnitten
frisch geriebene Muskatnuss

8 kleine Kalbsschnitzel (je 70 g, etwas flach geklopft) oder ersatzweise Putenschnitzel
1 Zitrone, fein abgeriebene Schale
2 Knoblauchzehen, fein gehackt
50 g altbackenes Weißbrot, grob zerbröselt

Zubereitungszeit: 1 Stunde

1. Für die Vinaigrette das Öl in einem Topf erhitzen, Kartoffelwürfel, Schalotten und Senfkörner andünsten. Gemüsebrühe, Zitronensaft, Salz und Pfeffer hinzufügen und 5 Minuten zugedeckt köcheln lassen.

2. Den Spargel in einem großen Topf in kochendem Salzwasser 8 Minuten kochen. Gleichzeitig 2 EL Öl erhitzen und die Frühlingszwiebeln bei milder Hitze 8 Minuten dünsten. Den Spargel abgießen und unter die Frühlingszwiebeln mischen. Mit Salz, Pfeffer und Muskatnuss würzen.

3. Die restlichen 3 EL Öl in einer Pfanne erhitzen und die Kalbsschnitzel von jeder Seite 3 Minuten braten. Kurz vor Ende der Garzeit Zitronenschale, Knoblauch und die Brotbrösel hinzufügen. Mit Salz und Pfeffer würzen.

4. Das Spargelgemüse mit der Vinaigrette vermischen und zusammen mit den Schnitzeln und den Knoblauch-Zitronen-Bröseln anrichten.

Zitronenfisch
mit Kartoffel-Oliven-Püree und Wildkräuter-Salsa-verde

Salsa verde

100 g gemischte Wildkräuter (Kerbel,
Vogelmiere, Sauerampfer, Löwenzahn usw.) oder
ersatzweise gemischte Kräuter wie Petersilie,
Schnittlauch, Dill, Kresse, fein gehackt
2 Gewürzgurken, fein gehackt
2 Frühlingszwiebeln, in feine Ringe geschnitten
2 Knoblauchzehen, fein gehackt
20 g Kapern, abgetropft, grob gehackt
4 Sardellenfilets, fein gehackt
5 EL Olivenöl
2 EL Zitronensaft
Meersalz | Pfeffer aus der Mühle

Kartoffelpüree

800 g Kartoffeln, geschält
150 ml Gemüsebrühe
3 EL Olivenöl
100 g grüne Oliven ohne Stein, grob gehackt
frisch geriebene Muskatnuss

4 Kabeljau- oder andere Fischfilets ohne Haut
(je 150 g)
2 Zitronen, in Scheiben geschnitten
2 EL Olivenöl

Zubereitungszeit: 1 Stunde 15 Minuten

1. Für die Salsa verde Kräuter, Gewürzgurken, Frühlingszwiebeln, Knoblauch, Kapern, Sardellenfilets, Olivenöl, Zitronensaft, Salz und Pfeffer vermischen.

2. Die Kartoffeln in kochendem Salzwasser zugedeckt gar kochen, abgießen und zerstampfen. Mit Gemüsebrühe, Olivenöl und Oliven mischen. Mit Salz, Pfeffer und Muskatnuss würzen.

3. Die Fischfilets auf ein Backblech verteilen, mit Salz und Pfeffer würzen. Mit den Zitronenscheiben belegen und mit Olivenöl beträufeln. Im vorgeheizten Ofen bei 180 Grad (Umluft nicht geeignet) 15 Minuten garen. Mit dem Kartoffelpüree und der Salsa verde servieren.

Hähnchen-Cordon-bleu mit Bärlauch auf Frühlingsgemüse >

4 Hähnchenbrustfilets (je 150 g)
4 Scheiben Käse
4 Scheiben Schinken
6 Bärlauchblätter oder
ersatzweise Petersilie, grob gehackt
Salz | Pfeffer aus der Mühle
2 Eier
60 g gemahlene Mandeln
100 g Paniermehl
3 EL Olivenöl

Frühlingsgemüse
3 EL Olivenöl
70 g Schalotten, in Ringe geschnitten
2 Knoblauchzehen, fein gehackt
500 g Karotten, geschält, in Scheiben geschnitten
100 ml Gemüsebrühe
200 g Zuckerschoten (Kefen)
100 g Erbsen, aus der Schote gelöst oder tiefgefrorene
1 Bund Radieschen, geviertelt
5–6 EL Grapefruitsaft oder
ersatzweise 2–3 EL Zitronensaft

Zubereitungszeit: 50 Minuten

1. In die Hähnchenbrüste jeweils längs eine Tasche einschneiden, mit jeweils 1 Scheibe Käse und Schinken sowie der Hälfte des Bärlauchs füllen und die Brüstchen mit einem Holzspieß verschließen. Die Hähnchenbrüste mit Salz und Pfeffer würzen.

2. Die Eier in einem tiefen Teller verklopfen. In einem zweiten Teller Mandeln und Paniermehl mischen. Die Hähnchenbrüste zuerst durch das Ei ziehen, dann in der Panade wenden und diese gut andrücken. Das Olivenöl in einer beschichteten Pfanne erhitzen, die Cordon-bleus von beiden Seiten gut anbraten, dann im vorgeheizten Ofen bei 180 Grad (Umluft nicht geeignet) 10 Minuten fertig garen.

3. Inzwischen für das Gemüse das Öl erhitzen, Schalotten und Knoblauch andünsten. Karotten und Gemüsebrühe hinzufügen und 5 Minuten zugedeckt dünsten. Dann Zuckerschoten, Erbsen und Radieschen hinzufügen und weitere 5 Minuten dünsten. Kurz vor Ende der Garzeit den restlichen Bärlauch hinzufügen. Mit Salz, Pfeffer und Grapefruitsaft abschmecken.

Mit Baguette servieren.

Hähnchen-Cordon-bleu mit Bärlauch auf Frühlingsgemüse

Zander mit Spargelragout, Kräutersauce und Pimpinelle

Spargelragout
750 g Spargel, geschält, in dünne Scheiben
geschnitten
2 EL Olivenöl
100 ml Gemüsebrühe
50 ml Schlagsahne

Kräutersauce
20 g Butter
10 g Mehl
200 ml Gemüsebrühe
100 ml Schlagsahne
50 g gemischte Kräuter (Pimpinelle, Petersilie,
Schnittlauch), fein gehackt
Salz | Pfeffer aus der Mühle
3 EL Zitronensaft

4 Stücke Zanderfilet (je 150 g)
3 EL Olivenöl
30 g gehobelte Mandeln

Zubereitungszeit: 40 Minuten

1. Die Spargelscheiben im heißen Öl andünsten.
Mit Brühe und Sahne ablöschen und 5 Minuten
offen köcheln lassen.

2. Für die Kräutersauce die Butter erhitzen, das
Mehl einstreuen. Mit Brühe und Sahne ablöschen
und 5 Minuten offen köcheln. Die Kräuter hinzufügen und mit dem Mixer fein pürieren.
Mit Salz, Pfeffer und Zitronensaft abschmecken.

3. Die Zanderfilets im heißen Öl von jeder Seite
4 Minuten braten, kurz vor Ende der Garzeit
die gehobelten Mandeln hinzufügen und kurz
mitrösten. Mit Salz und Pfeffer würzen und mit
dem Spargelragout und der Sauce servieren.

Dazu passen Salzkartoffeln.

Gebratener Fisch mit junger roter Bete und Senfsauce

600 g neue Kartoffeln, geputzt, halbiert
1 Bund junge Rote Bete (Randen), geschält,
halbiert, Blätter abgezupft und fein gehackt
3 EL Olivenöl
6 Frühlingszwiebeln, in Ringe geschnitten
Salz | Pfeffer aus der Mühle

Gebratener Fisch
600 g Rotbarschfilet, in 2 cm große Würfel
geschnitten
2 EL Mehl
1 Zitrone, fein abgeriebene Schale
3 EL Olivenöl

Senfsauce
150 g Crème fraîche
130 ml Milch
4 EL körniger Senf
1 Zitrone, Saft

Zubereitungszeit: 50 Minuten

1. Die Kartoffeln und die geschälte Rote Bete
zusammen in Salzwasser 20 Minuten kochen.
Abgießen und beides in Würfel schneiden.
Das Öl in einer großen beschichteten Pfanne
erhitzen. Kartoffeln, Rote Bete und Frühlings-
zwiebeln 5 Minuten braten. Kurz vor Ende der
Garzeit die Rote-Bete-Blätter hinzufügen.
Mit Salz und Pfeffer würzen.

2. Die Fischwürfel mit Salz, Pfeffer, Mehl und
Zitronenschale vermischen. Das Öl in einer
zweiten Pfanne erhitzen und die Fischwürfel
darin rundherum 5 Minuten braten.

3. In einem Topf Crème fraîche und Milch aufkochen. Den Senf hinzufügen. Mit Salz, Pfeffer
und Zitronensaft abschmecken. Den Fisch unter
das Rote-Bete-Gemüse mischen und mit der
Senfsauce anrichten.

Lammrücken mit Bärlauchpesto, Artischocken und Kartoffelwürfeln

Bärlauchpesto
20 g Haselnüsse, gehackt
1 Bund Bärlauch, fein gehackt
6 EL Olivenöl
Salz
20 g Parmesan, fein gerieben

8 junge Artischocken
100 ml Weißweinessig
4 EL Olivenöl
800 g festkochende Kartoffeln, geschält,
1 cm groß gewürfelt, mit kaltem Wasser
abgespült
Salz | Pfeffer aus der Mühle
frisch geriebene Muskatnuss
600 g Lammrücken

Zubereitungszeit: 50 Minuten

1. Für das Pesto Nüsse, Bärlauch, Olivenöl, Salz und Parmesan im Blitzhacker (Cutter) fein pürieren. (Nicht verwendetes Pesto hält sich im Kühlschrank etwa 14 Tage und kann gut anderweitig, z. B. für Crostini, verwendet werden.)

2. Die Artischocken putzen: Die äußeren Blätter entfernen, von der Spitze zwei Drittel mit einem scharfen Messer wegschneiden, die Artischocken-blätter rundum bis zum Boden abschneiden und das Heu im Innern herauskratzen. Den Stiel mit einem scharfen Messer schälen. Die Artischocken-böden sofort in mit Essig versetztes Wasser legen, damit sie sich nicht verfärben. In diesem Wasser aufsetzen und 10 Minuten kochen.

3. 2 EL Öl in einer Pfanne erhitzen und die Kartoffelwürfel 15 Minuten unter Wenden braten. Mit Salz, Pfeffer und Muskatnuss würzen. Dann die Artischocken abgießen, beifügen und einmal durchschwenken.

4. In einer zweiten Pfanne 2 EL Öl erhitzen und das Lamm von jeder Seite etwa 6 Minuten anbraten. Anschließend im Ofen bei 120 Grad (Umluft nicht geeignet) 5 Minuten ruhen lassen. Das Fleisch aufschneiden und mit den Kartoffelwürfeln, den Artischocken und dem Pesto servieren.

Lammrücken mit Bärlauchpesto, Artischocken und Kartoffelwürfeln

Lammkeule mit Spargel-Sellerie-Gemüse und geschmorten Kartoffeln

Für 6 – 8 Personen

Lammkeule
50 g gemischte Wildkräuter, fein gehackt
10 EL Olivenöl
1 Zitrone, fein abgeriebene Schale und Saft
2 Knoblauchzehen, fein gehackt
Salz | Pfeffer aus der Mühle
50 g Semmelbrösel
1,2 kg Lammkeule (ohne Knochen)
500 ml Weißwein
300 ml Gemüsebrühe
3 Rosmarinzweige

1,2 kg kleine Kartoffeln, geschält, halbiert
2 kg weißer Spargel, geschält, halbiert
1 Bund Staudensellerie, die Stangen jeweils geviertelt
2 EL Olivenöl
100 g Crème fraîche

Zubereitungszeit: 2 Stunden

1. Die Kräuter mit 5 EL Olivenöl, Zitronenschale, Zitronensaft, Knoblauch, Salz und Pfeffer mit dem Mixer oder im Blitzhacker (Cutter) fein pürieren. Die Semmelbrösel daruntermischen. Die Lammkeule aufschneiden, auseinanderklappen und mit der aufgeschnittenen Fleischseite nach oben auf die Arbeitsfläche legen. Das Muskelfleisch zweimal längs einschneiden, etwas flach klopfen und die Füllung darauf verteilen. Das Fleisch über der Füllung zusammenklappen und mit Küchengarn binden. Rundherum mit Salz und Pfeffer würzen.

2. 5 EL Olivenöl in einem Bräter erhitzen und die Lammkeule rundherum gut anbraten. 300 ml Weißwein, 300 ml Gemüsebrühe und die Rosmarinzweige hinzufügen und die Keule im Backofen bei 150 Grad (Umluft 140 Grad) 70 – 80 Minuten garen. Nach 50 Minuten Garzeit die Kartoffeln und den restlichen Weißwein (200 ml) hinzufügen.

3. Den Spargel in kochendem Salzwasser 10 Minuten kochen, nach 6 Minuten den Sellerie hinzufügen und fertig garen. Abgießen und zuletzt im Olivenöl schwenken und mit Salz und Pfeffer würzen.

4. Die fertig gegarten Kartoffeln aus dem Bräter nehmen. Den Bratenfond abgießen und mit der Crème fraîche vermischen. Die Lammkeule aufschneiden, mit Kartoffeln, Spargelgemüse und Sauce servieren.

Surf and Turf auf Blattspinat mit Mango-Chili-Sauce

Mango-Chili-Sauce

2 EL Olivenöl
3 Frühlingszwiebeln, in feine Ringe geschnitten
1 rote Chilischote, entkernt, fein gehackt
2 kleine Knoblauchzehen, fein gehackt
1 Mango, geschält, vom Stein geschnitten
und fein gewürfelt
2 EL Apfelessig
100 ml Apfelsaft

Blattspinat

750 g Blattspinat, geputzt, grob gehackt
30 g Butter
2 Zwiebeln, fein gewürfelt
1 Knoblauchzehe, fein gehackt
Salz | Pfeffer aus der Mühle
frisch geriebene Muskatnuss
1 Zitrone, fein abgeriebene Schale und Saft

5 EL Olivenöl
4 Hähnchenbrustfilets (je 150 g)
2 Msp. Chilipulver
8 Riesengarnelen, längs halbiert,
Darmfaden entfernt

Zubereitungszeit: 1 Stunde

1. Für die Mango-Chili-Sauce das Öl erhitzen, die Frühlingszwiebeln, die Chilischote und die Hälfte des Knoblauchs andünsten. Die Mango hinzufügen, mit Essig und Apfelsaft ablöschen und 5 Minuten zugedeckt köcheln lassen.

2. Einen großen Topf Wasser aufkochen, den Spinat kurz darin kochen, dann herausheben, kalt abschrecken und in einem Sieb gut ausdrücken. Die Butter schmelzen, Zwiebeln und Knoblauch kurz darin dünsten. Den Spinat dazugeben, mit Salz, Pfeffer und Muskat würzen. 3 EL Zitronensaft und die Zitronenschale hinzufügen und zugedeckt 3 Minuten dünsten.

3. 3 EL Öl erhitzen. Die Hähnchenbrustfilets rundherum 4 Minuten anbraten, mit Salz, Pfeffer und Chili würzen. Dann herausnehmen und im vorgeheizten Ofen bei 200 Grad (Umluft nicht geeignet) 10 Minuten fertig garen.

4. Die restlichen 2 EL Öl erhitzen und die Riesengarnelen 5 Minuten anbraten. Mit Salz, Pfeffer und 1 EL Zitronensaft würzen. Die Hähnchenbrüste aufschneiden. Zusammen mit Spinat, Mangosauce und Garnelen servieren.

Lachsforelle im Strudelteig
mit Spinat und Gemüsewürfeln

100 g Strudelteig (Fertigprodukt aus dem Kühlregal)
4 EL Sahne-Meerrettich
600 g Lachsforellenfilet ohne Haut
Meersalz | Pfeffer aus der Mühle
1 Eiweiß

3 EL Olivenöl
100 g Karotten, geschält, fein gewürfelt
100 g junge Rübchen, geschält, fein gewürfelt
1 Zwiebel, fein gewürfelt
1 Knoblauchzehe, fein gehackt
350 g Spinat, geputzt, grob zerkleinert
100 ml Schlagsahne
2–3 EL Zitronensaft
frisch geriebene Muskatnuss

Zubereitungszeit: 1 Stunde

1. Den Strudelteig ausbreiten und in der Mitte
eine Fläche in der Größe des Fischfilets mit dem
Sahne-Meerrettich bestreichen. Das Fischfilet
mit Salz und Pfeffer würzen und in die Mitte der
Teigfläche legen. Den Teig rundherum mit Eiweiß
bestreichen und zu einem Paket zusammenklappen. Auf ein mit Backpapier belegtes Blech
legen und im vorgeheizten Ofen bei 180 Grad
(Umluft nicht geeignet) 25 Minuten backen.

2. Inzwischen das Öl in einer Pfanne erhitzen,
Wurzelgemüse, Zwiebel und Knoblauch
5 Minuten unter Rühren braten. Den Spinat
hinzufügen, mit der Sahne und dem Zitronensaft
aufgießen und 3 Minuten offen köcheln lassen.
Mit Salz, Pfeffer und Muskatnuss würzen.

3. Den Fisch im Strudelteig in 4 Stücke teilen und
mit dem Spinat-Gemüse servieren.

Mailecker

SÜSSES

Rhabarbertarte mit Erdbeersorbet

< Rhabarbertarte mit Erdbeersorbet

Mürbeteig
125 g Butter
250 g Mehl
30 g Zucker
1 Eigelb

Belag
500 g Speisequark (20 % Fett)
120 g Zucker
5 Eier
1 Vanilleschote, ausgekratztes Mark
650 g Rhabarber, grob geschält

Erdbeersorbet
300 g gefrorene Erdbeeren
4 EL Holunderblütensirup
50 ml Sekt oder
ersatzweise Apfelsaft

**Zubereitungszeit: 1 Stunde
(ohne Kühlzeit)**

1. Für den Mürbeteig Butter, Mehl, Zucker und Eigelb zu einem glatten Teig verkneten. In Frischhaltefolie wickeln und im Kühlschrank 30 Minuten kalt stellen.

2. Den Teig auf einer bemehlten Arbeitsfläche ausrollen. Eine Tarteform (26 cm Durchmesser oder längliche Form) fetten, mit dem Teig auslegen, diesen am Rand gut andrücken und überstehenden Teig mit dem Nudelholz abrollen.

3. Für den Belag Quark, Zucker, Eier und Vanillemark gut verrühren. Den Rhabarber auf die Größe der Form zurechtschneiden und auf dem Teigboden verteilen. Mit der Quarkcreme bedecken. Im vorgeheizten Ofen bei 200 Grad (Umluft 180 Grad) 10 Minuten backen, dann die Temperatur auf 180 Grad (Umluft 160 Grad) reduzieren und weitere 25 Minuten fertig backen.

4. Für das Sorbet die gefrorenen Erdbeeren mit Holunderblütensirup und Sekt fein pürieren. Mit der Rhabarbertarte servieren.

<< Holunder-Erdbeer-Parfait auf Erdbeersalat

Parfait

250 g Erdbeeren, geputzt
6 EL Holunderblütensirup
3 Eigelb
250 ml Schlagsahne, steif geschlagen
30 g Erdbeermarmelade

Erdbeersalat

250 g Erdbeeren, geputzt
1 EL Holunderblütensirup
2 EL Erdbeerlikör
30 g gehackte Pistazien
2 Dolden Holunderblüten, fein gehackt
4 Tassen (je 200 ml Inhalt)

**Zubereitungszeit: 45 Minuten
(ohne Gefrierzeiten)**

1. Für das Parfait die Erdbeeren mit 2 EL Holunderblütensirup kurz aufkochen. Dann fein pürieren.

2. Die Eigelbe mit den restlichen 4 EL Holunderblütensirup in einer Edelstahlschüssel über einem heißen Wasserbad zu einer dick-schaumigen Masse aufschlagen, dann in einem kalten Wasserbad kalt schlagen. Die steif geschlagene Sahne darunterziehen. Die Masse halbieren und die eine Hälfte mit dem Erdbeerpüree vermischen.

3. 4 Tassen (von je 200 ml Inhalt) zuerst mit der hellen Parfaitmasse füllen und diese 1 Stunde gefrieren. Dann die Erdbeermarmelade erhitzen, über die gefrorene Masse verteilen und anschließend mit der Erdbeermasse auffüllen und weitere 2 Stunden gefrieren.

4. Für den Erdbeersalat die Erdbeeren in dünne Scheiben schneiden. Mit Holunderblütensirup, Erdbeerlikör, Pistazien und den gehackten Holunderblüten vermischen und mindestens 30 Minuten ziehen lassen.

5. Die Tassen mit dem gefrorenen Parfait kurz in heißes Wasser tauchen und stürzen. Mit dem Erdbeersalat servieren.

Brioches mit Erdbeer-Curd

< Brioches mit Erdbeer-Curd

Erdbeer-Curd
250 g Erdbeeren, geputzt
6 EL Holunderblütensirup
5 Eigelb

Brioches
100 ml Milch, warm
40 g Zucker
20 g Hefe
250 g Mehl
2 Eigelb
50 g Butter
Salz
Butter für die Förmchen

**Zubereitungszeit: 1 Stunde
(ohne Back- und Kühlzeiten)**

1. Für den Erdbeer-Curd die Erdbeeren und den Holunderblütensirup kurz aufkochen. Mit dem Mixer fein pürieren. Die Eigelbe darunterrühren und auf dem Herd noch so lange erhitzen, bis die Flüssigkeit leicht eindickt. (Achtung: Nicht kochen, denn dann gerinnt das Eigelb!) Die Creme in Gläser füllen und am besten über Nacht abkühlen lassen.

2. Für die Brioches die Milch, 20 g Zucker und die Hefe verrühren und 15 Minuten gehen lassen. Mit dem Mehl, den Eigelben, der Butter und 1 Prise Salz verkneten. Den Teig zugedeckt an einem warmen Ort 45 Minuten gehen lassen.

3. 8 kleine Förmchen fetten und den Teig auf die Förmchen verteilen. Im vorgeheizten Ofen bei 190 Grad (Umluft 170 Grad) 20 Minuten backen.

Erdbeer-Ingwer-Kaltschale mit Pistazien-Cantuccini

Cantuccini
280 g Mehl
½ TL Backpulver
80 g Zucker
1 Prise Salz
40 g weiche Butter
2 Eier
100 g Pistazien

Kaltschale
500 g Erdbeeren, geputzt
20 g frischer Ingwer, fein gerieben
4 EL Ahornsirup oder Honig
1 Päckchen Vanillezucker

Zubereitungszeit: 1 Stunde 15 Minuten

1. Mehl, Backpulver, Zucker, Salz, Butter und Eier mit den Knethaken des Handrührgeräts zu einem glatten Teig verarbeiten. Die Pistazien darunterkneten.

2. Den Teig in 2 gleich große Portionen teilen und diese zu zwei langen Rollen formen. Auf ein Backblech geben und im vorgeheizten Ofen bei 200 Grad (Umluft 180 Grad) 15 Minuten vorbacken. Dann abkühlen lassen und schräg in Scheiben schneiden. Die Cantuccini auf dem Backblech verteilen und weitere 10 Minuten bei derselben Temperatur fertig backen. Abkühlen lassen.

3. Für die Kaltschale Erdbeeren, Ingwer, Ahornsirup und Vanillezucker fein pürieren und kalt stellen. Mit den Cantuccini servieren.

<< Magnolienblüteneis mit Ingwerbiskuit

Magnolienblüteneis
300 ml Milch
90 g Zucker
1 Vanilleschote, ausgekratztes Mark und Schote
8 Magnolienblüten, Blätter abgezupft, 8 Blätter beiseitegelegt, Rest fein gehackt
75 ml Schlagsahne
6 Eigelb

Biskuit
1 Ei
Salz
50 g Zucker
15 g frische Ingwerwurzel, fein gerieben
30 g Mehl (Type 505)
1 EL Speisestärke
¼ TL Backpulver

4 EL Himbeersirup zum Servieren

Zubereitungszeit: 1 Stunde (ohne Gefrierzeit)

1. Für das Eis Milch, Zucker, Vanillemark und -schote aufkochen. Vom Herd ziehen, die gehackten Magnolienblätter hinzufügen und zugedeckt mindestens 3 Stunden ziehen lassen. Dann abseihen. Die Sahne und die Eigelbe verrühren, unter die Vanillemilch mischen und diese über einem heißen Wasserbad so lange unter Rühren erhitzen, bis sie dicklich wird (Vorsicht: sie darf dabei nicht kochen!). Dann durch ein Sieb in eine Schüssel gießen, abkühlen lassen und anschließend mindestens 3 Stunden im Gefrierfach gefrieren, dabei alle 30 Minuten umrühren (oder in der Eismaschine 20–30 Minuten gefrieren).

2. Für den Biskuit das Ei trennen. Das Eiweiß mit 1 Prise Salz und 3 EL kaltem Wasser steif schlagen. Den Zucker einrieseln lassen und 3 Minuten weiterrühren. Das Eigelb und den Ingwer darunterziehen. Mehl, Speisestärke und Backpulver mischen, sieben und unter die Eischneemasse heben. Auf ein mit Backpapier belegtes Blech streichen und im vorgeheizten Ofen bei 180 Grad (Umluft 160 Grad) 15 Minuten backen. Herausnehmen, etwas abkühlen lassen, vom Backpapier lösen und in Stücke schneiden.

3. Das Eis in den beiseitegelegten Blütenblättern anrichten und mit dem Himbeersirup beträufeln. Mit dem Biskuit servieren.

<< Rhabarbertörtchen mit Blütensorbet

Blütensorbet

100 g Zucker
150 ml Wasser
2–3 EL Zitronensaft
1 Päckchen Vanillezucker
etwa 15 essbare Blüten (z. B. Heckenrosenblüten,
Holunderblüten, Fliederblüten)
300 g Vollmilchjoghurt
100 ml Schlagsahne

Rhabarbertörtchen

180 g Butter
100 g Zucker
200 g Mehl (Type 505)
60 g gemahlene Mandeln
2 TL Backpulver
70 ml Milch
100 g Buchweizenmehl
Butter für die Förmchen
300 g Rhabarber, in 5 cm lange Stücke geschnitten
30 g gehobelte Mandeln

Zubereitungszeit: 1 Stunde
(ohne Marinierzeit)

1. Für das Sorbet Zucker, Wasser, Zitronensaft und Vanillezucker 5 Minuten offen köcheln lassen. Dann die Blüten hinzufügen und abseits vom Herd zugedeckt mindestens 2 Stunden oder am besten über Nacht ziehen lassen.

2. Joghurt, Schlagsahne und den Blütensirup gut verrühren. Im Gefrierfach mindestens 3 Stunden gefrieren, dabei alle 30 Minuten umrühren.

3. Für die Törtchen Butter und Zucker 5 Minuten mit den Schneebesen des Handrührgeräts schaumig schlagen. Mehl, gemahlene Mandeln, Backpulver, Milch und Buchweizenmehl darunterheben.

4. 4–6 ofenfeste Förmchen (je etwa 10 cm Durchmesser) gut fetten, dann den Teig auf die Förmchen verteilen. Den Rhabarber leicht in den Teig drücken und mit den gehobelten Mandeln bestreuen. Im vorgeheizten Ofen bei 180 Grad (Umluft 160 Grad) 20–25 Minuten backen. Die Törtchen etwas abkühlen lassen. Das Sorbet nochmals gut durchrühren und mit den Törtchen servieren.

< Holunderblüten-Crème-brûlée

200 ml Milch
160 ml Sahne
5 EL Holunderblütensirup
6 Holunderblütendolden
3 Eigelb
50 g brauner Zucker zum Karamellisieren

Zubereitungszeit: 45 Minuten
(ohne Kühl- und Ziehzeiten)

1. Milch, Sahne, 3 EL Holunderblütensirup und
die Holunderblüten in einem Topf aufkochen,
vom Herd nehmen und 1 Stunde ziehen lassen.
Dann durch ein Sieb abseihen. Die Eigelbe und
2 EL Holunderblütensirup mit den Schneebesen
des Handrührgeräts schaumig schlagen.
Die Milch-Sahne-Mischung hinzufügen und die
Creme in 4 feuerfeste, flache Förmchen füllen.

2. Die Creme im vorgeheizten Ofen bei 130 Grad
(Umluft 110 Grad) 20 – 25 Minuten stocken lassen.
Herausnehmen und im Kühlschrank mindestens
2 Stunden abkühlen lassen.

3. Vor dem Servieren mit dem braunen Zucker
bestreuen und diesen unter dem heißen
Backofengrill karamellisieren lassen, bis sich eine
schöne, knusprige Zuckerkruste gebildet hat.

Gestürzter Karottenkuchen mit Erdbeer-Sauerklee-Creme

160 g Butter
120 g Zucker
300 g junge Karotten, geschält, längs halbiert
3 Eier
250 g Weizenmehl (Type 505)
100 g gemahlene Mandeln
1 TL Backpulver

Erdbeer-Sauerklee-Creme
10 g Sauerklee oder Sauerampfer oder
ersatzweise Basilikum
200 g Crème fraîche
100 g Erdbeeren, geputzt
2 EL Holunderblütensirup

Zubereitungszeit: 1 Stunde

1. Den Boden einer Springform von 24 cm
Durchmesser mit Backpapier auslegen und den
Rand aufsetzen. 20 g Butter erwärmen, auf dem
Boden verteilen. Mit 20 g Zucker bestreuen und
die Karotten darauf verteilen.

2. Für den Teig die restlichen 140 g Butter und die
restlichen 100 g Zucker mit den Schneebesen des
Handrührgeräts weiß und schaumig schlagen.
Die Eier nacheinander hinzufügen. Mehl, Mandeln
und Backpulver mischen und darunterrühren.
Den Teig auf die Karotten in die Form füllen. Im
vorgeheizten Ofen bei 180 Grad (Umluft 160 Grad)
35 Minuten backen. Herausnehmen, etwas
abkühlen lassen und dann stürzen.

3. Für die Creme Sauerklee, Crème fraîche, Erdbeeren und Holunderblütensirup mit dem Mixer
fein pürieren. Zum Kuchen servieren.

< Erdbeer-Savarins mit Rhabarberkompott

Savarins
120 g Dinkelmehl (Type 630)
10 g frische Hefe, zerbröckelt
50 ml Milch, warm
30 g Zucker
1 Päckchen Vanillezucker
65 g Butter, zerlassen
2 Eier
Salz
Butter und Mehl für die Formen

Rhabarberkompott
1 EL Speisestärke
150 ml Rhabarbersaft
40 ml Holunderblütensirup
1 Päckchen Vanillezucker
300 g Rhabarber, in dünne Scheiben geschnitten

Erdbeersirup
250 g Erdbeeren, halbiert
40 ml Holunderblütensirup
30 ml Rum

Zubereitungszeit: 1 Stunde (ohne Gehzeit)

1. Für die Savarins Mehl, Hefe, Milch, Zucker, Vanillezucker, Butter, Eier und 1 Prise Salz mit den Knethaken des Handrührgeräts gut verkneten. An einem warmen Ort 1 Stunde zugedeckt gehen lassen.

2. Inzwischen für das Kompott die Stärke mit 2 EL kaltem Wasser verrühren. Den Rhabarbersaft, die Hälfte des Holundersirups und den Vanillezucker aufkochen, die Stärke einrühren und alles 5 Minuten offen köcheln lassen. Nach 3 Minuten den Rhabarber hinzufügen. Anschließend abkühlen lassen.

3. Die Erdbeeren mit Holundersirup und Rum aufkochen, 5 Minuten offen köcheln lassen, dann mit dem Mixer fein pürieren.

4. 8 kleine Savarinförmchen fetten und mit etwas Mehl ausstäuben (ersatzweise 1 Muffinblech mit 8 Papierhülsen auslegen). Den Teig in die Formen füllen. Im vorgeheizten Backofen bei 200 Grad 25 Minuten (Umluft bei 180 Grad 20 Minuten) backen. Nach dem Backen in der Form abkühlen lassen, dann stürzen.

5. Die Savarins noch warm in dem Erdbeersirup tränken, dann mit dem Kompott servieren. Mit Gänseblümchen dekorieren.

Safranpudding mit Pfefferrahmeis und marinierten Erdbeeren

Pfefferrahmeis
4 EL Holunderblütensirup
300 g Sauerrahm
100 ml Schlagsahne
3 Msp. frisch gemahlener schwarzer Pfeffer

Marinierte Erdbeeren
300 g Erdbeeren, geputzt, halbiert
3 EL Holunderblütensirup
3 – 4 EL Cognac
6 – 8 Blätter Gundermann oder
ersatzweise frische Minze, grob gehackt

Safranpudding
150 ml Schlagsahne
1 Päckchen Puddingpulver mit Vanillegeschmack
40 g Zucker
500 ml Vollmilch
0,1 g Safranfäden

Zubereitungszeit: 1 Stunde 20 Minuten (ohne Marinier- und Gefrierzeit)

1. Für das Eis Holunderblütensirup, Sauerrahm, Schlagsahne und Pfeffer gut verrühren. Im Gefrierfach mindestens 3 Stunden gefrieren, dabei alle 30 Minuten umrühren (oder in der Eismaschine 20 – 30 Minuten gefrieren).

2. Die Erdbeeren mit Holunderblütensirup, Cognac und Gundermann 45 Minuten marinieren.

3. Für den Pudding die Sahne steif schlagen. Das Puddingpulver mit dem Zucker und 4 EL Milch gut verrühren. Die restliche Milch und den Safran erhitzen. Das angerührte Puddingpulver unter die kochende Milch rühren, vom Herd ziehen und etwas abkühlen lassen. Dann die Schlagsahne darunterziehen und den Pudding auf 4 Schalen verteilen. Mit den marinierten Erdbeeren und dem Pfeffereis servieren.

Gebackene Holunderblüten mit Quarkcreme und Erdbeersauce

Erdbeersauce
100 g Erdbeeren
40 g Zucker
50 ml Orangensaft

Quarkcreme
400 g Speisequark (20 % Fett)
100 g Schlagsahne, steif geschlagen
1 Päckchen Vanillezucker
4 – 5 EL Holunderblütensirup

Holunderblüten im Ausbackteig
250 ml Milch
50 g Zucker
150 g Mehl (Type 405)
2 Eier
6 EL Sonnenblumenöl
8 – 12 Holunderblütendolden

Zubereitungszeit: 30 Minuten

1. Für die Erdbeersauce Erdbeeren, Zucker und Orangensaft kurz aufkochen und mit dem Mixer fein pürieren.

2. Für die Quarkcreme Quark, geschlagene Sahne, Vanillezucker und Holundersirup gut verrühren.

3. Für den Ausbackteig Milch, Zucker und Mehl gut verrühren und die Eier darunterschlagen. Das Öl in einer großen Pfanne erhitzen. Die Holunderblüten in den Teig tauchen, dann direkt in die Pfanne setzen und von jeder Seite 3 Minuten backen. Auf einem mit Küchenpapier ausgelegten Teller entfetten. Mit Quarkcreme und Erdbeersauce servieren.

Grünes Spargeleis mit marinierter Mango und Mandelkrokant

Spargeleis
250 ml Milch
75 ml Schlagsahne
90 g Zucker
1 Vanilleschote, ausgekratztes Mark und Schote
250 g grüner Spargel
50 ml Schlagsahne
6 Eigelb

Krokant
50 g Zucker
30 g Mandeln, grob gehackt

1 Mango, geschält, vom Stein geschnitten, fein gewürfelt
3 EL Holunderblütensirup
2 EL Mandelmus (im Bioladen- oder Reformhaus erhältlich)

Zubereitungszeit: 45 Minuten (ohne Gefrierzeit)

1. Für das Eis Milch, Sahne, Zucker, Vanillemark und -schote aufkochen, vom Herd ziehen und 30 Minuten ziehen lassen. Dann die Vanilleschote entfernen.

2. Den Spargel in kochendem Wasser 10 Minuten kochen, dann fein pürieren.

3. Die 50 ml Sahne und die Eigelbe verrühren und unter die Vanillemilch mischen. Die Masse über einem heißen Wasserbad so lange unter Rühren erhitzen, bis sie dicklich wird (Vorsicht, sie darf nicht kochen!). Dann durch ein Sieb in eine Schüssel gießen, abkühlen lassen und das Spargelpüree darunterrühren. Mindestens 3 – 4 Stunden im Gefrierfach gefrieren, dabei alle 30 Minuten umrühren (oder in der Eismaschine 20 – 30 Minuten gefrieren).

4. Für das Krokant den Zucker karamellisieren lassen, auf ein eingefettetes Stück Alufolie verteilen, sofort mit den Mandeln bestreuen und erkalten lassen. Dann in grobe Stücke brechen.

5. Mango, Holundersirup und Mandelmus gut verrühren. Das Eis mit der Mango und dem Krokant servieren.

< Schokoladenmousse mit Basilikum und Veilchenschokolade

Veilchenschokoladenblätter
250 g Zartbitterkuvertüre, grob gehackt
40 g kandierte Veilchen (im Feinkosthandel oder über Internet) oder
ersatzweise 1 EL grob zerstoßener rosa Pfeffer

Schokoladenmousse
3 Eier
2 EL Mandellikör (z. B. Amaretto)
30 g Zucker
200 ml Schlagsahne, steif geschlagen

30 ml Holunderblütensirup
40 g Pistazien, grob gehackt
8 – 10 Stängel Basilikum, Blätter grob gehackt

Zubereitungszeit: 1 Stunde (ohne Kühlzeit)

1. Die Kuvertüre in einer Edelstahlschüssel über einem heißen Wasserbad schmelzen. Etwa 4 EL flüssige Kuvertüre zu 12 länglichen Streifen auf ein Backpapier gießen, die kandierten Veilchen darauf verteilen und erkalten lassen.

2. Für die Schokoladenmousse Eier, Mandellikör und Zucker in einer Edelstahlschüssel verquirlen und über dem heißen Wasserbad dick-cremig aufschlagen. Die restliche, flüssige Kuvertüre gut daruntermischen. Die Masse in einem kalten Wasserbad abkühlen lassen. Dann die geschlagene Sahne darunterziehen. Die Masse mindestens 1 Stunde kalt stellen.

3. Inzwischen Holunderblütensirup, Pistazien und Basilikum fein pürieren.

4. Von der erkalteten Mousse mit Hilfe von zwei Esslöffeln Nocken abstechen. Abwechselnd Schokoladenblätter, Nocken und Basilikumpaste aufschichten.

Zitronen-Buttermilch-Creme mit süßem Minzpesto und Erdbeeren

Zitronen-Buttermilch-Creme
8 g Agar-Agar (4 TL)
2 Eier
5 EL Holunderblütensirup
1 Zitrone, fein abgeriebene Schale und Saft
400 ml Buttermilch
100 ml Schlagsahne, steif geschlagen

Krokant
50 g Zucker
30 g Mandeln, grob gehackt

Minzpesto
30 g Minze
3 EL Holunderblütensirup
30 g gemahlene Mandeln

500 g Erdbeeren, geputzt
1 Päckchen Vanillezucker
4 EL Grappa
2 EL Holunderblütensirup

Zubereitungszeit: 45 Minuten (ohne Gefrierzeit)

1. Das Agar-Agar und 10 EL Wasser verrühren, kurz aufkochen und 10 Minuten quellen lassen.

2. Die Eier, den Holunderblütensirup, Zitronenschale und 3 EL Zitronensaft über einem heißen Wasserbad 5 Minuten zu einer dick-cremigen Masse aufschlagen. Das Agar-Agar und die Buttermilch darunterrühren, dann die Schlagsahne darunterheben. Die Creme in eine Schüssel füllen und über Nacht kalt stellen.

3. Für das Minzpesto Minze, Holunderblütensirup und 2 EL Zitronensaft mit dem Mixer pürieren. Die Mandeln daruntermischen.

4. Die Erdbeeren mit Vanillezucker, Grappa und Holunderblütensirup vermischen. Die Creme mit den Erdbeeren und dem Minzpesto servieren.

Erdbeer-Sauerampfer-Trifle mit Mandelmus

15 g Sauerampfer oder
ersatzweise Minze, grob gehackt
500 g Speisequark (20 % Fett)
100 ml Holunderblütensirup
50 g Löffelbiskuits
300 g Erdbeeren, geputzt, in Scheiben
geschnitten
2 EL Mandelmus (im Bioladen oder
Reformhaus erhältlich)

Zubereitungszeit: 25 Minuten

1. Sauerampfer, Quark und Holunderblütensirup
fein pürieren.

2. Die Löffelbiskuits grob zerstoßen.

3. Erdbeeren, Mandelmus, Löffelbiskuits und
die Sauerampfercreme lagenweise auf 4 Gläser
verteilen.

Süffisant

DRINKS

Wildkräuter-Lassi

Sektbowle mit Rhabarber und Waldmeister

300 g Zucker
400 ml Wasser
5 Zweige Waldmeister ohne Blüten, angewelkt
2 Stangen Rhabarber, geschält, in feine Scheiben geschnitten
30 Eiswürfel
1 Flasche Rosé-Sekt

Zubereitungszeit: 15 Minuten (ohne Ziehzeit)

1. Zucker und Wasser 5 Minuten offen köcheln lassen. Den Waldmeister beigeben und 24 Stunden ziehen lassen.

2. Rhabarber, Eiswürfel und je 1 EL Waldmeistersirup auf die Gläser verteilen und mit Sekt aufgießen. Den restlichen Sirup anderweitig für Desserts und Getränke verwenden (z.B. mit Mineralwasser aufgießen).

Tipp:
Durch das leichte Anwelken entwickelt sich erst der typische Waldmeistergeschmack.

<< Wildrosenbowle mit Sekt und Erdbeersirup

300 g Erdbeeren, geputzt, halbiert
4 EL Holunderblütensirup
10 Wildrosen (Hundsrosen), Blütenblätter abgezupft
1 l Wasser
20 Eiswürfel
1 Flasche Sekt, gekühlt

Zubereitungszeit: 15 Minuten (ohne Kühlzeit)

1. Die Erdbeeren und den Holunderblütensirup aufkochen, dann fein pürieren und kalt stellen.

2. Die Rosenblätter im Wasser über Nacht ebenfalls kalt stellen.

3. Eiswürfel, das Rosenwasser samt Blättern und den Erdbeersirup in Gläser verteilen und mit Sekt aufgießen.

< Wildkräuter-Lassi

80 g gemischte Wildkräuter (z. B. Giersch, Pimpinelle, Minze, Gänseblümchen, Vogelmiere) oder ersatzweise Petersilie und Minze, grob gehackt
4 EL Ahornsirup
350 g Joghurt
2 – 3 EL Zitronensaft
100 ml Mineralwasser

Zubereitungszeit: 5 Minuten

Alle Zutaten im Mixer fein pürieren.
Kalt genießen.

< Prosecco mit Fliedersirup

350 g Zucker
½ l Wasser
1 Vanilleschote, längs halbiert, Mark ausgekratzt
4 Fliederblüten
25 Eiswürfel
1 Flasche Prosecco, gekühlt

Zubereitungszeit: 20 Minuten (ohne Ziehzeit)

1. Zucker, Wasser, Vanilleschote und Vanillemark
5 Minuten offen köcheln lassen. 2 Fliederblüten
hinzufügen und zugedeckt über Nacht ziehen
lassen.

2. Den Sirup abseihen. Je 2 EL Sirup, Eiswürfel,
die restlichen beiden zerpflückten Fliederblüten
in Gläser verteilen und mit Prosecco aufgießen.
Restlichen Fliedersirup nach Belieben anderweitig
für Desserts oder Getränke verwenden.

Holunderblütenlimonade

600 g Zucker
6 l Wasser
20 g Weinsteinsäure
30 Holunderblütendolden

Zubereitungszeit: 20 Minuten (ohne Ziehzeit)

1. Zucker, Wasser und Weinsteinsäure aufkochen.
Dann die Holunderblütendolden hinzufügen. Kühl
gestellt mindestens 24 Stunden ziehen lassen.

2. Die Limonade durch ein Sieb abgießen und in
Flaschen abfüllen. Kalt genießen. Im Kühlschrank
gelagert hält sich die Limonade etwa 14 Tage.

Zitronen-Giersch-Limonade

4 Zitronen
500 g Zucker
2 Päckchen Vanillezucker
4 l Wasser
10 g Weinsteinsäure
250 g junger Giersch

Zubereitungszeit: 20 Minuten

1. Die Schale von 2 Zitronen mit dem Sparschäler dünn abschälen, den Saft von allen Zitronen auspressen.

2. Zucker, Vanillezucker, Wasser, Zitronensaft und Weinsteinsäure aufkochen. Giersch und Zitronenschale hinzufügen und 10 Stunden kühl gestellt ziehen lassen.

3. Durch ein Sieb abseihen und in Flaschen abfüllen. Die Limonade hält sich etwa 4 Wochen.

Blütezeit

SAISONKALENDER

GEMÜSE, SALATE, FRÜCHTE

	März	April	Mai	Juni
Avocado		X	X	X
Blattspinat	X	X	X	X
Brokkoli		X	X	X
Chicorée	X	X	X	X
Erbsen		X	X	X
Erdbeeren		X	X	X
Fenchel	X	X	X	X
Frühlingszwiebeln		X	X	X
Karotten, junge	X	X	X	X
Kartoffeln, Frühsorten	X	X	X	X
Kohlrabi			X	X
Mairübchen	X	X	X	X
Morcheln			X	X
Pfifferlinge				X
Radieschen	X	X	X	X
Rhabarber	X	X	X	X
Rucola	X	X	X	X
Spargel		X	X	X
Wildsalate		X	X	X
Zuckerschoten (Kefen)	X	X		

WILDKRÄUTER, BAUMBLÄTTER

	März	April	Mai	Juni
Ackerminze			X	X
Bärlauch	X	X	X	
Basilikum			X	X
Beifuß			X	X
Bohnenkraut			X	X
Borretsch			X	X
Brennnessel	X	X	X	X
Dill			X	X
Dillblüten		X	X	X
Estragon		X	X	X
Fliederblüten			X	X
Frauenmantel		X	X	X
Gänseblümchen	X	X	X	X
Giersch	X	X	X	
Gundermann	X	X	X	X
Hirtentäschel	X	X	X	X
Holunderblüten			X	X
Kapuzinerkresse			X	X
Katzenminze	X	X	X	X
Kresse	X	X	X	X
Lavendel			X	X
Lindenblätter		X	X	X
Löwenzahn	X	X	X	X
Majoran		X	X	X
Mittlerer Klee	X	X	X	X
Pimpinelle		X	X	X
Ringelblume		X	X	X
Salbei		X	X	X
Sauerampfer	X	X	X	X
Schafgarbe	X	X	X	X
Scharbockskraut	X	X		
Schnittlauch	X	X	X	X
Spitzwegerich	X	X	X	X
Vogelmiere	X	X	X	X
Wiesenschaumkraut	X	X		
Wilder Majoran / Dost			X	X

VERZEICHNIS DER REZEPTE

Dank

Anke, Christine und Günther Seifert
Marie-Luise Bonitz, Gundel Simon-Ern
Andrea Schnückler-Schulz
Clarissa Härtel
Hannah Stockem
Beate Gauder
Daniela Wolff
Kathleen Fiona König
Louise L. Hay
Felix Bringmann
Mareike Engel
Betti Koch
Frida, die ewige Begleiterin

Für das Gemüse Dank an Susanne Brandes von
»Grünkorb«

Für die Requisiten Dank an Maren Somfleth von
D.I.Y., Hamburg

Und an Michaela Pfeiffer von
Veldraum, Hamburg

Für die Unterkunft danken wir
Frau Dr. Lundershausen | www.fischerkaten.de
und Contanze Beyer vom Gutshaus Alt Necheln

Ein ganz besonderer Dank an den gesamten
AT Verlag!